JEANNE RULAND

HEILIGE GEOMETRIE

HEILEN mit dem Licht der Schöpfung

Das Praxisbuch zur HEIL- UND LICHTARBEIT

Schirner Verlag

Die Ratschläge in diesem Buch sind sorgfältig erwogen und geprüft. Sie bieten jedoch keinen Ersatz für kompetenten medizinischen Rat, sondern dienen der Begleitung und der Anregung der Selbstheilungskräfte. Alle Angaben in diesem Buch erfolgen daher ohne Gewährleistung oder Garantie seitens der Autorin oder des Verlages. Eine Haftung der Autorin bzw. des Verlages und seiner Beauftragten für Personen-, Sach- und Vermögensschäden ist ausgeschlossen.

Wir verzichten auf das Einschweißen unserer Bücher – **UNSERER UMWELT ZULIEBE!**

ISBN Printausgabe: 978-3-8434-1483-8

ISBN E-Book: 978-3-8434-6470-3

Jeanne Ruland:
Heilige Geometrie – Heilen mit dem Licht der Schöpfung
Das Praxisbuch zur Heil- und Lichtarbeit

Umschlag: Simone Fleck & Anna Twele, Schirner, unter Verwendung von #625745255 (© Ben Neung), #162375335 (© tomertu), #287007011 (© Marish), #144072169 (© Peter Hermes Furian) und #346844489 (© SkillUp), www.shutterstock.com
Layout: Anna Twele, Schirner
Lektorat: Kerstin Noack-Zakel, Schirner
Printed by: Ren Medien GmbH, Germany

www.schirner.com

Neuausgabe 2022 – 1. Auflage Juli 2022

Widmung

Ich widme dieses Buch der Neuen Zeit und dem Erwachen der Menschen im Frieden und im Licht der Einheit. Ich bin sehr dankbar, der Welt dieses Buch über die heilsamen Kräfte der Heiligen Geometrie zugänglich machen zu können. Es beinhaltet Durchgaben aus höheren Ebenen und einen Leitfaden für neue Wege der Heilung und des Seins. Während des Schreibens fühlte ich große Freude und einen Flow, der von höheren Ebenen gelenkt wurde. Möge dieses Buch viele Menschen inspirieren. Mögen diese Zeilen die Seele berühren und Anstoß sein, die in uns angelegten Kräfte zur Entfaltung zu bringen.

Wir sind hier, um eine neue Dimension des Seins einzuläuten. Jeder von uns ist ein Tropfen im Ozean der Freude und in der Lage, diese Welt lichtvoll zu verändern. In jedem von uns wohnt ein evolutionärer Impuls, der uns in neue Räume und Dimensionen trägt, um Unmögliches möglich zu machen.

Verlassen wir die gewohnten Komfortzonen und öffnen uns diesen Räumen. Sie helfen uns, alte Programme spielerisch zu verwandeln und unsere wahre Bestimmung zu entfalten.

Inhalt

Alle Angaben werden vertraulich behandelt.
* Der Newsletter kann jederzeit abbestellt werden.

Name/Vorname: ____________________

Straße: ____________________

PLZ, Ort: ____________________

Telefon: ____________________

E-Mail: ____________________

Geburtsdatum: ____________________

Bitte senden Sie mir:

- ☐ weitere Informationen aus dem Schirner Verlag
- ☐ den Schirner Newsletter (nur als E-Mail*)
- ☐ das SPIRIT live & Schirner Magazin

Diese Karte entnahm ich dem Buch:

____

Würden Sie dieses Buch weiterempfehlen?

____

Vielen Dank!

Bitte freimachen, falls Marke zur Hand

Antwort

Schirner Verlag
Birkenweg 14a
D-64295 Darmstadt

Zum Geleit

Dieses Buch basiert auf Erfahrungen und Erkenntnissen im Umgang mit der Heiligen Geometrie und den platonischen Körpern. Es ist die Fortsetzung des Buches »Die Heilige Geometrie der platonischen Körper« und kann doch für sich gelesen werden, um eine Idee der Wirkungsweise dieser Werkzeuge der Schöpfung zu erhalten. Das Thema der Heiligen Geometrie ist nahezu unerschöpflich, daher erhebt dieses Buch keinerlei Anspruch auf Vollständigkeit. Es basiert nicht auf wissenschaftlichen Erkenntnissen, sondern auf gelebten Erfahrungen mit der Heiligen Geometrie sowie auf Praxisberichten. Es soll den einen oder anderen Impuls geben, den wir – Gudrun Ferenz, die sich seit vielen Jahren mit den platonischen Körpern beschäftigt, und ich – im Wirken mit der Heiligen Geometrie erlebt haben. Inneres Wissen kann nur durch eigene Erfahrung und einen eigenen Zugang hervorgebracht werden, deswegen ist das praktische Üben und Umsetzen unerlässlich, wenn man den Inhalt dieses Buches nachvollziehen möchte.

Möge dieses Buch zum Segen von allem in die Welt kommen.

Jeanne Ruland

Alles im Universum ist eine bunte Ansammlung von
unterschiedlichsten Energiefeldern,
die einander durchdringen.
Geist ist Materie – Licht »in Formation« gebracht,
Augen empfangen Lichtschwingungen
und erschaffen Bilder,
Ohren empfangen Schallwellen und übersetzen sie
in Klang, Worte und Bedeutungen,
Berührungen übersetzen Dichte, Oberfläche
und Schwingung der Atome.
Alles schwingt in einer Welt unbegrenzter Energie.
Wenn der Same gesetzt, die Vision empfangen,
der Anstoß gegeben ist, sollten wir in Geduld,
Frieden und Geistesruhe verweilen.
Der Anstoß, den wir geben,
erzeugt eine Welle von Energie,
die das Universum bis zur Vollendung erfüllt.
Wenn wir einen Schritt gehen,
kommt uns die universelle Kraft
tausend Schritte entgegen.
Vertraue den mächtigen Kräften,
die in der Schöpfung am Werke sind.
Dann kannst du Großartiges vollbringen.

Vorwort

Wir sind in Form gebrachte Ewigkeit.

Heilige Geometrie ist die Sprache der göttlichen Natur, der Schlüssel zum Urbauplan der Schöpfung – und sie ist ein Teil von uns. Jede Gestalt, jedes Wesen, alles Leben ist eine bunte exakte Ansammlung von harmonisch angeordneten geometrischen Energiefeldern. Und diese Energiefelder können sich mit jedem vollkommenen Gedanken, mit jedem liebenden Gefühl und jeder subtilen feinstofflichen Energie wandeln. Wir können mit der Heiligen Geometrie und den Ebenen der Schöpfung wirken, um Felder, die nicht mehr segensvoll sind, in ihrem Ursprung auszurichten, sodass die unaufhörlich strömende Energie wieder ungehindert fließen kann.

Indem wir den Strahl unserer Aufmerksamkeit, der Teil des Heiligen Feuers, des feinstofflichen Lichts der Schöpfung (Feuer, Flamme, Licht) ist, für eine geraume Zeit auf die vollkommenen Formen der Schöpfung gerichtet halten, verbindet er sich augenblicklich mit diesen in sich intelligenten Formen, wirkt in dem bewussten Feld der Einheit und trägt alles in die Quelle zurück. Alle Formen, von den feinstofflichen bis in die materiellen, werden im Lichte des Einen ausgerichtet, gereinigt und erneuert, um vollkommene Lebenskraft, Gesundheit und Wohlbefinden zu ermöglichen und die Selbstheilungskräfte anzuregen. Das bedeutet Heilen mit dem Licht der Schöpfung, mit Heiliger Geometrie.

Alles Leben kommt aus dem Licht. Wir sind von Dimensionen und feinstofflichen Lichtstrukturen umgeben. Wenn wir mit der Heiligen Geometrie arbeiten, dann wirken wir mit diesem Licht der Schöpfung. Licht besteht aus elektromagnetischen Wellen mit verschiedenen Wellenlängenbereichen. Es setzt sich aus Energiequanten, den sogenannten Photonen zusammen, ruft in den Schwingungsfeldern zahlreiche Wechselwirkungen hervor und wirkt bis tief in die feinstofflichen Bereiche hinein. Licht ist in diesem Sinne gleichbedeutend mit Bewusstsein, Intelligenz, Kraft, Welle und Punkt, Frequenz, Lebenselixier. Es geht letztlich um Bewusstsein, das unendlich ist.

Intelligenz ist an jedem Punkt im All anzutreffen,
und man kann sie mit der Kraft der Gedanken beeinflussen.
Nikola Tesla

Es wird Zeit, dass wir uns erinnern, wer wir sind, und unsere schöpferischen Kräfte mit der göttlichen Matrix, dem lichtvollen Urgrund und Urbauplan der Schöpfung, der feinstofflichen, goldenen, schwingenden, harmonischen Lichtstruktur, die die gesamte Schöpfung durchzieht, verbinden.

Lichtarbeit mit Heiliger Geometrie ist eine Methode, die wir in allen Gebieten anwenden können, um Bewusstsein zu erlangen und unbewusste Frequenzen in ebenjenes Bewusstsein zu erheben, damit sie sich wieder an der göttlichen Matrix ausrichten können. Das hilft uns

- bei der Bewusstseinsarbeit,
- bei der Energiearbeit,
- bei der Seelenarbeit,
- bei der Ahnenarbeit,
- bei der Erdheilung,
- dabei, uns selbst auszurichten,
- dabei, Heilungsprozesse zu intensivieren,
- und generell in allen Bereichen des Lebens, die wir bewusster gestalten möchten.

Es gab in meinem Leben mehrere Ereignisse, die auf den ersten Blick nicht im Zusammenhang mit der Lichtarbeit zu stehen schienen, sich aber nun wie Puzzleteile zusammenfügen und in diesem Buch zu einem großen Ganzen verbinden. Offenbar von langer Hand geplant, kommen Dinge aus höheren Ebenen zu uns, wenn wir bereit sind. Auf unserem Weg sehen wir oft nur den Schritt, den wir in diesem Augenblick machen, und manchmal vor lauter Bäumen den Wald nicht. In der Gesamtschau erkennen wir plötzlich das großartige Zusammenspiel der Schöpfung – verschiedene Ereignisse, die gleichzeitig an unterschiedlichen Punkten dieser Welt im morphogenetischen Feld stattfinden, um das Bewusstsein des Gesamten zu verändern.

Ich schreibe dieses Buch nicht aus der Position eines äußeren Betrachters, nicht aus einer erklärenden Form heraus, sondern aus meiner verbindlichen persönlichen Sicht, und bin mir dabei bewusst, dass ich Teil des Ganzen bin. Was mich im Tiefsten betrifft, betrifft auch das Ganze. Es ist wichtig, sich diese Tatsache immer wieder bewusst zu machen. In dem Gefühl des Verbundenseins finden wir die heilsamen Wege im Einklang mit der Einheit, die unser Handeln auf gute Weise lenken, uns mit höheren Ebenen synchronisieren und führen. Wenn wir uns der Liebe verschließen, sind manche Dinge weder geistig noch emotional noch physisch möglich, die aber möglich sind, wenn wir uns für die Liebe öffnen.

Liebe ist das Licht, das das Universum erhellt.
Ohne dieses Licht … ist die Erde ein ödes Gebirge
und der Mensch nichts als Staub.

Mary Elizabeth Braddon

Auf den nachfolgenden Seiten gebe ich zuerst einen Einblick in meinen persönlichen Weg mit der Heiligen Geometrie, um dich auf leichte und nachvollziehbare Weise für dieses Thema zu öffnen. Kleine Übungen bieten dir die Möglichkeit, das Gelesene auch praktisch zu erfahren. Die Heilige Geometrie beeinflusst uns außerordentlich positiv und erhebt uns in Ebenen und Dimensionen, die uns vorher auf diese Weise nicht bewusst waren. Sie unterstützt uns dabei, uns wieder an unserem Ursprung auszurichten und die Einheit allen Seins zu erleben.

Geometrie ist in allem. Sie ist nicht außerhalb, sondern Teil von uns. Wir sind perfekte Geometrie.

Lasse diesen Leitspruch auf dich wirken. Für die Arbeit mit der Heiligen Geometrie ist es wichtig, seinen Inhalt nachzuvollziehen. Es macht einen Unterschied, ob ich etwas von mir getrennt und abstrakt betrachte oder ob ich Teil von etwas bin, was ich durch mein lebendiges Sein mit jedem Impuls mit beeinflusse – ob es mir bewusst ist oder nicht.

Wie oft empfinden wir uns nicht als Teil des Gesamten? Wie oft trennen wir uns ab? Wie oft verweigern wir uns den Impulsen, die über das intelligente Feld in Form von Zeichen, Gedanken, Gefühlen, Träumen zu uns kommen, und damit der kosmischen Führung?

Um mit dem Schöpfungslicht zu wirken, ist es wichtig, sich als »Ozean in einem Tropfen«, wie Rumi es so schön beschreibt, zu empfinden und Teil des Ganzen zu sein. Dabei hilft es, sich bewusst zu machen, dass Energie zwar transformiert wird, aber niemals verloren gehen kann. Alles ist in uns, wir sind ewige Teile des Gesamten.

Ich wünsche dir mit diesem Buch viele neue Impulse, lebendige Erkenntnisse und Aha-Erlebnisse. Heilung, Frieden und Erwachen für uns und für die Welt. Wissen will glühend genossen und ganzheitlich erfahren werden. Nur durch eigene tiefgreifende, wache und bewusstseinsverändernde Erfahrungen wird Wissen zur lebendigen Weisheit des Lichtes, und wir erwachen in das, was wir schon lange sind. *Licht von Licht.*

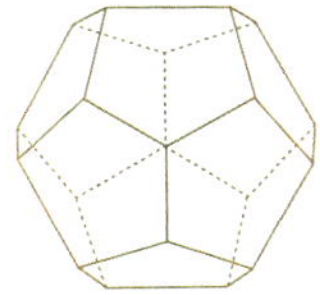

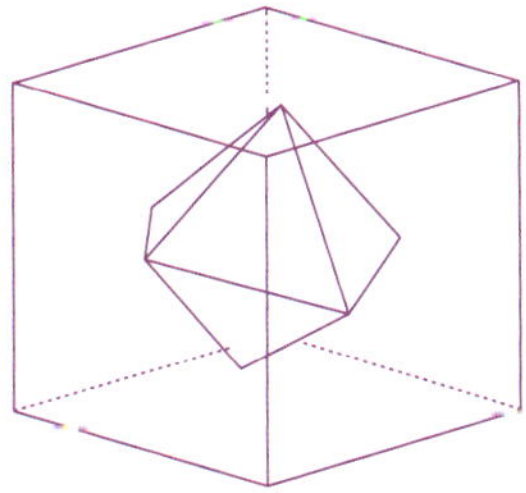

Mein persönlicher Weg mit der Heiligen Geometrie

Meine erste Begegnung mit der Geometrie

In der Schule war Geometrie eines meiner Lieblingsthemen und -fächer, neben Kunst, Biologie, Erdkunde, Sport und Ethik. Als Bilderdenkerin hatte ich ein ausgezeichnetes räumliches Vorstellungsvermögen. Ich konnte Formen von allen Seiten betrachten, sie im Geiste bewegen und sie in meiner Vorstellung mit anderen Formen kombinieren und verschachteln. Dennoch war mir die Lehre der Geometrie in der Schule – in der die ganzheitliche fünfdimensionale Sicht (siehe dazu »Exkurs: Überblick über die Dimensionen« auf S. 19), die unser Sein mit einbindet, fehlte – nicht immer angenehm, sondern erschien mir ganz häufig eher langweilig. Heute weiß ich, dass die Geometrie so viel mehr beinhaltet, und es wäre weitaus spannender, wenn ein solches Thema in den Schulen ganzheitlich und umfassend vermittelt würde. Eine wirklich Heilige Geometrie zu lehren, wäre sicher für alle Beteiligten eine berührende Erfahrung.

»Geo« ist die Erde – »Metrie« die perfekte Bemessung des Raums oder das perfekte Maß. In dem Wort »heilig« steckt die Heilung, das heile Sein, die Ganzheit und Vollkommenheit. In unserer Schöpfung, im gesamten lebendigen Sein wohnt das vollkommene Maß der Geometrie. Auch wir sind nach ihr geschaffen, denn während der Entstehung unseres Körpers durchläuft unser Körperfeld die Heilige Geometrie. Somit tragen wir das Wissen um sie bereits in uns. Versuche, dich zu erinnern:

Zuerst baut sich das intelligente, in sich bewusste Lichtfeld auf. Das Herz bildet sich vor dem Gehirn und sendet den Lebensimpuls. Die schöpferische Intelligenz wohnt seit Anbeginn in allem, da sie das Leben spendende Prinzip ist, das in jeder Zelle, in jedem Atom und sogar in jedem Proton wirkt. Deswegen ist die Heilige Geometrie auch nur ganzheitlich zu erfahren und nicht bloß mit einem Teil des Körpers.

Exkurs: Überblick über die Dimensionen

Es gibt verschiedene Definitionen für Dimensionen. Grundsätzlich versteht man unter einer Dimension eine Ansammlung bestimmter Resonanzen, die durch Verknüpfung ineinander übergehen oder ineinander verschachtelt sind. Hier die Definition, wie ich sie in diesem Buch verwende:

- 1. Dimension – Punkt
- 2. Dimension – Linie, bestehend aus der Verknüpfung zweier Punkte
- 3. Dimension – Fläche, bestehend aus der Verknüpfung dreier Punkte
- 4. Dimension – Form, bestehend aus der Verknüpfung von vier Punkten, die eine Form ergeben
- 5. Dimension – über die Form hinaus- und in umfassendere Felder gehend
- 6. Dimension – weitere Ebenen, die über der 5. Dimension liegen

Die 1. Dimension symbolisiert die Urquelle allen Seins, aus der sich alles offenbaren und entwickeln kann und in der alles enthalten ist. Die 2. Dimension steht für die Welt der Gedanken. Die Welt der Abstraktion. Die 3. Dimension korrespondiert mit der Welt der Gefühle. Der Welt der Dualität. Im Unterschied zu der Welt der Gedanken hat die Gefühlsebene eine gewisse Tiefe. Die 4. Dimension ist vergleichbar mit der Welt der Körper, der Materie. Sie gibt uns die Körperlichkeit und die Erfahrung, einen physischen Körper zu haben. Sie beinhaltet Raum, Zeit und Maß. Die

5. Dimension erhebt uns über die körperliche, messbare Ebene in die geistig-spirituelle Ebene, in ein Feld endloser freier Energie. Sie existiert unabhängig von Raum und Zeit. Ein Körper dieser Dimension beinhaltet keine dichte, körperlich-materielle Wirklichkeit.

Mit der 5. Dimension betreten wir die schöpferische Ebene, die sich in die Form verdichten kann oder aber auch nicht. Hier erlangen wir Zugang zu unserem multidimensionalen Wesen und zu dem Feld der Einheit. In dieser Dimension können wir bewusst schöpferisch tätig werden.

Über dieser 5. Dimension gibt es noch viel feinere Ebenen, Schwingungsräume und Dimensionen des Geistes. Dazu gehört beispielsweise unser Spirit, der ein Wesensanteil der Quelle und jederzeit mit allem verbunden ist.

Der Aufstiegsprozess, das Erwachen in die 5. Dimension und darüber hinaus, ist der Prozess von der Getrenntheit zurück in die Einheit, vom Unbewussten in das Vollbewusste, von der Menschlichkeit in die Göttlichkeit bzw. in die bewusste schöpferische Kraft zurück.

Meine erste persönliche Heilerfahrung mit der Heiligen Geometrie

Meine erste wirklich tiefe Berührung mit der Heiligen Geometrie und ihren heilenden Wirkungen hatte ich während eines Unfalls. Ich war gerade einmal 17 Jahre alt und fuhr von einem Sommercamp für Jugendliche, auf dem ich als Ferienbetreuerin arbeitete, mit meinem Moped in großer Hitze gegen Abend nach Hause. Plötzlich wurde ich auf einem kleinen Feldweg seitlich von einem Traktor erfasst. Ein Bauer, der den ganzen Tag in der Hitze auf dem Feld gearbeitet hatte, fuhr etwas unachtsam vom Feld und erwischte mich. Alles lief wie in Zeitlupe ab:

Ich stürzte, das Moped landete auf mir, und die Fußraste bohrte sich durch meinen Fuß. Ich verspürte keinen Schmerz, nur das Fortströmen meiner Lebensenergie durch den hohen Blutverlust. Für mich war es ein sanftes, sehr friedliches Hinübergleiten durch eine Art Tunnel, ein Tor in eine Ebene des Lichtes, die mit einer unglaublichen Liebe, Weite und überaus sanft schwingenden Energien gefüllt war. Ich bewegte mich leicht und schwerelos durch ein geometrisches Feld. Formen tauchten auf, verdichteten sich und verschwanden wieder in diesem reinen strahlenden Licht. Ereignisse tauchten vor meinem inneren Auge auf und lösten sich in ihre Schwingungsformen auf, wie Energiemandalas, die sich formten und wieder auflösten. Ich war eins mit diesem Heiligen Geometriefeld und gleichzeitig ganz im Licht. Es gab keinerlei Trennung, denn alles war von strahlend weißem Licht durchdrungen. Es war wunderschön, ewig, frei und leicht wie Federn, die vom Wind getragen werden. Geborgen, warm und gleichzeitig kühl, herrlich unbeschreiblich, ewig verbunden.

Ich bemerkte, dass irgendwelche Leute an meinem Körper Erste Hilfe leisteten, während ich über ihm schwebte. Ich war auf irgendeine Weise mit meinem Körper verbunden und doch ganz frei von ihm. Ich hatte keinerlei Schmerzen und verspürte kein Bedürfnis, zurückzukehren. Dieses grenzenlose Lichtfeld richtete mich aus, und ich spürte Freiheit, Weite und Liebe – Geometrie pur. Doch irgendwann wurde ich in meinen Körper zurückgezogen, der mir vorkam wie ein nasser, schwerer, dunkler Sack, der über mich gestülpt wurde und mich stark begrenzte.

In dem Moment des Eintauchens wurde ich an das heilige Lichtfeld meines Körpers angeschlossen, das ich für einen kurzen Moment wahrnehmen konnte. Im nächsten Augenblick setzten große Schmerzen ein. Ich fühlte mich eingekerkert. Für einen Moment sah ich die Verdichtung der Geometrie im Körperfeld aufleuchten und einen Strom aus Licht durch mich hindurchfließen. Es war, als ob sich die Heilige Geometrie des Himmels in meinem Körper auf ein bestimmtes Muster verdichtete, ihn aber in vielen Ebenen und Schichten durchdrang, damit die Lebensenergie ihn durchströmen und beseelen konnte.

Oben in diesem »nassen Sack« war ein Loch, durch das ich noch Bruchteile dieses Lichtfeldes wahrnehmen konnte. Ich kam mir vor wie Licht, das in einen Sack gesperrt wurde.

Meine Zeit hier auf Erden war offensichtlich noch nicht vorbei.

Ich hatte lange große Sehnsucht nach diesem Feld und verstand dieses Ereignis erst nach und nach. Vergessen habe ich es jedoch nie.

Es gibt ein Feld der unbegrenzten Möglichkeiten, das uns atmen lässt, uns trägt und zu den Erfahrungen führt, die wir bewusst oder unbewusst aussenden. Diese Erfahrungen verdichten sich im Feld der Einheit und begegnen uns in der Form von Dingen und Ereignissen, die wir selbst durch unser Aussenden angezogen haben.

Im Zusammenhang mit diesem Unfall erlebte ich meine erste Heilung mit dem Schöpfungslicht – an mir selbst. Ich hatte im linken Fuß einen Trümmerbruch, da die Fußraste den ganzen Fuß durchstoßen hatte. Das Sprunggelenk war angeknackst, und die Ärzte offenbarten mir, dass ich den Fuß nie mehr richtig bewegen können würde und für den Rest meines Lebens mit dieser Behinderung leben müsse. Kein Tanzen, Rennen oder Hüpfen mehr.

Zu dieser Zeit war ich ein großer Australien-, Neuseeland- und Osterinsel-Fan, ich las alles darüber. Die Osterinseln und Uluru, der heilige Berg Australiens, hingen als Poster über meinem Bett. In einem Buch las ich, dass die Aborigines in der Lage sind, Knochenbrüche innerhalb von einer halben Stunde zu heilen, da ja alles Schwingung ist und wir in einer Traumzeit leben, in der wir die Welt träumend erschaffen.

Intuitiv suchte ich nach einem Bild von einem heilen Fuß, auf dem ersichtlich war, wie die Knochen verlaufen. Ich konzentrierte mich jeden Tag eine Zeit lang auf das Bild und dann auf meinen Fuß, den ich mir räumlich von allen Seiten vorstellte. Ich streichelte entsprechend dem Knochenverlauf über den Fußrücken, ölte ihn und summte dabei Töne voller Liebe und Zuversicht. Auch sprach ich mit ihm, da ich vorhatte, noch viel hier auf der Erde zu erleben. Der Ton bündelte die Energie, danach fühlte sich stets alles fein, lebendig und warm an. Ich hatte das Gefühl, dass die Knochen wie leuchtende, gold-kristalline Leylines im Körper lagen und begannen, sich wieder an ihrem natürlichen Verlauf auszurichten und zu verbinden. Mit meiner fokussierten Vorstellungskraft erzeugte ich das Bild eines gesunden Fußes, schenkte Liebe, Energie und Aufmerksamkeit, und das Große Geheimnis, Gott – oder wie auch immer wir dieses Größere und Allumfassende nennen mögen – sorgte dafür, dass sich alles wieder an der Heiligen Geometrie ausrichtete, da alles von ihr durchdrungen ist.

Tatsächlich heilte zum Erstaunen der Ärzte alles so, dass keinerlei Behinderung blieb und ich wieder genauso tanzen, hüpfen und laufen konnte wie vor dem Unfall. Das Einzige, was sich veränderte hatte, war eine höhere Sensitivität und Wetterfühligkeit im Bereich der Narbe. Ich bin unendlich dankbar dafür, wenn ich im Nachhinein sehe, wie viele Wege ich weltweit trotz dieses Unfalls leichten Fußes zurücklegen konnte.

ÜBUNG:
Die Verdichtung der Energie durch den Ton

Probiere es selbst: Reibe deine Hände aneinander, sodass Wärme entsteht. Lege die Hände auf eine Stelle deines Körpers, die Energie, Liebe, Aufmerksamkeit, Kraft … benötigt. Summe oder brumme einen Ton, und richte dabei deine Aufmerksamkeit auf deine Handflächen. Du kannst die Hände leicht bewegen oder ruhig auf dieser Stelle halten, je nach deiner Intention: Wenn du Energie fließen lassen willst, lege die Hände auf, und halte sie ruhig. Willst du dunkle Energiewolken auflösen, kreise mit den Händen ca. 5 cm vom Körper entfernt über der Stelle, wo du die dunkle Energiewolke wahrnimmst, und löse sie in deiner Vorstellung auf.

Du wirst merken, wie sich die Energie sofort spürbar an dieser Stelle bündelt und viel intensiver wird. Halte die Aufmerksamkeit auf deine Handflächen, summe eine Zeit lang. Dann spüre nach.

Wir haben alle diese Kraft in uns. Wir alle sind Heiler, da wir mit den natürlichen Regenerationskräften, den groben und feinstofflichen Lichtfeldern der Schöpfung, die alles durchdringen, verbunden sind. Wann immer wir uns verletzen, gibt es eine Kraft in uns, die sofort mit der Heilung und Regeneration beginnt, sodass sich alles immer wieder an der göttlichen Ordnung, der Heiligen Geometrie, ausrichtet.

Bei Unfällen und schweren Erkrankungen können Fachärzte, spezialisierte Schulmediziner und die Alternativmedizin unerlässlich sein, da sie mit dazu beitragen, dass Felder zur Ruhe kommen, repariert werden, wieder an Kraft gewinnen und sich regenerieren können. Es gibt jedoch auch jede Menge Berichte über Spontanheilungen, die durch eine Gottes- oder Lichterfahrung geschehen sind. Ich habe Menschen kennengelernt, die von der Schulmedizin aufgegeben, aber dennoch geheilt wurden, weil sie andere Wege gewählt haben. Je mehr wir uns auf dieses Feld der unbegrenzten Möglichkeiten ausrichten, desto mehr wird diese Art der spontanen Heilung wieder möglich.

Frei nach dem Huna-Motto »Pono«:
Wirksamkeit ist das Maß der Wahrheit.
Wer heilt, hat recht. Was wirkt, ist richtig.
Es gibt immer viele Wege und Möglichkeiten.
Bleibe flexibel!

Was wir für unsere Heilung tun können:

- uns auf die Heil- und Regenerationskraft ausrichten
- Ruhe halten
- meditieren und das Licht bündeln
- Ablenkungen vermeiden
- die Energie so weit wie möglich von der äußeren Welt abziehen
- zu uns kommen, bei uns sein
- uns selbst Liebe und Trost spenden
- uns in Gedanken, Gefühlen, Worten und Handlungen auf das konzentrieren, was wir wollen
- Liebe und Vertrauen zu uns selbst entwickeln
- Eingebungen folgen

Früher war es ganz normal, Zeit für sich und in der Natur zu haben. Ich bin zu meinem persönlichen Segen ohne Fernsehen aufgewachsen. Heute gibt es massenhaft Ablenkung, Unzähliges, was unsere Aufmerksamkeit abzieht, so viele Informationen, dass die Natur kaum noch in uns arbeiten und wirken kann, wie es für die Heilung vonnöten wäre. Wir haben verlernt, die sanfte, innere Stimme unserer Seele zu hören, die in der Stille zu uns spricht und uns Impulse und Eingebungen schenkt, die die Heilung beschleunigen. Jeden Tag eine Zeit lang gebündelte Aufmerksamkeit auf uns selbst zu richten und dabei wirklich tief in uns hineinzufühlen, zu lauschen und zu empfangen, wäre ein guter Anfang, um unser Selbst zu stärken.

Zwar können andere Menschen uns dabei unterstützen, indem sie ihr Fachwissen anwenden oder uns ihre Liebe schenken, sodass noch mehr Energie für die Heilung zur Verfügung steht. Heilen können wir uns aber nur selbst. Dazu braucht es den Zugang zu diesem geheimnisvollen Selbst, zu dem Wesen unserer Seele, eine fokussierte Ausrichtung auf die Vollkommenheit des Seins und eine Reinigung von Gespeichertem, das zu dieser Krankheit geführt hat.

Unsere Seele ist ein lebendiges Wesen, immer fürsorglich und liebevoll auf uns ausgerichtet. Wir können uns ihr zuwenden, mit ihr kommunizieren und ihr das zukommen lassen, was sie von uns benötigt und was sie stärkt. Angefangen von Liebe, Nahrung, Ruhe, Natur, Bewegung, Reinigung … Der Körper spiegelt unsere Seele.

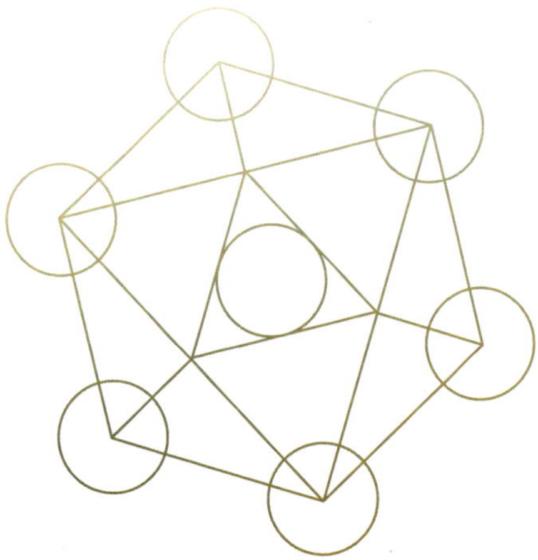

ÜBUNG:
Selbstliebe

Schließe deine Augen, komme ganz in dir selbst an. Wie fühlst du dich gerade? Wie geht es dir? Was brauchst du, damit du wieder leuchtest? Du weißt es bereits.

Atme ein paar Mal in dich hinein, spüre, wie du mit dem Einatmen frische Energie aufnimmst und diese mit dem Ausatmen in deinem Lichtfeld verteilst. Atme dafür die Qualität ein, die du gerade brauchst (z. B. Liebe, Kraft, Trost, Zuversicht, Mut, Verbindung). Spüre, wie sich mit dem Ausatmen diese Kraft in deinem Feld verteilt.

Du kannst auch mit dem Ausatmen loslassen und freigeben, was du ungewollt in dein Feld aufgenommen hast. Atme die Qualität, die du jetzt brauchst, ein, und lasse los, was du gehört, geistig in dich aufgenommen oder erlebt hast – entlasse es mit dem Ausatmen aus deinem Energiefeld.

Verweile, und sei einfach bei dir. Vielleicht bemerkst du einen Zustrom an Energie. Achte auf deine Gefühle, Gedanken und Bedürfnisse, und setze dich auch in Zukunft für dich selbst ein.

Alchemie des Herzens – neue Wege des Lernens

Mit 18 durchlief ich eine dreijährige Alchemieausbildung, in der ich in den alchemistischen Gesetzmäßigkeiten, dem analogen Denken und vielem mehr auf allen Ebenen geschult wurde. Entscheidend war die Geistesschulung. Ein Teil der Ausbildung bestand aus theoretischer Wissensvermittlung, ein Teil aus täglicher Meditation und praktischen Übungen zu dem Vermittelten, und ein Teil bestand darin, das Gelernte umzusetzen und anzuwenden. Der meditative Teil, in dem ich meine eigene Vorstellungskraft anwendete und mich mit den inneren geistigen Räumen verband, die Bedeutung des Wissens vergegenwärtigte und es verinnerlichte, war für mich der wichtigste Aspekt der Ausbildung. Jeder Mensch ist ein Wissensraum, ein lebendiges Wissensfeld. Wir sind mit unendlich vielen Dimensionen und Ebenen verbunden, die sich alle gegenseitig durchdringen und beeinflussen. Die materielle Form ist der geringste Teil der Wirklichkeit, der größere Teil unseres Wesens ist geistiger Natur. Ein Feld, das von gebündelter Lichtenergie gespeist wird, kann Wissen und Weisheit in andere Felder übertragen. Dieses Wissen geht dann in uns ein.

Ich verstand dieses Wissen nicht nur mit dem Intellekt, nein, es drang spürbar tief in mich ein und schenkte mir viele Aha-Erlebnisse, inneres Wachstum, eine Klarheit und Wachheit, die Liebe zum Wunder des Lebens und die Möglichkeit, mich im Wissensfeld der Erde ganz frei zu bewegen. Ich konnte die Formen und Energien ebenso wie die

Wirkungen der Wissensfelder wahrnehmen und alles, was darin über Raum und Zeit gespeichert ist.

Später besuchte ich viele heilige Stätten, die alle perfekt in der Heiligen Geometrie angelegt und aufgebaut sind, ausgerichtet an größeren Feldern und Räumen, verbunden mit dem All. Zudem traf ich zahlreiche heilige Menschen mit einer unglaublichen Ausstrahlung. Ich erhielt viele verschiedene Einweihungen.

Die Kraftfelder der Erde sowie das Wirken heiliger Menschen waren mit außerordentlicher und gebündelter Energie gespeist, die meinen Geist sofort in andere Ebenen erhoben – ein Bad im Lichte –, in denen mein Geist geschult wurde und das Licht von innen erwachte. Diese Erfahrungen halfen mir später in verschiedenen Erdheilungen.

Dieser lebendige Aspekt des Lernens fehlt leider an unseren Schulen. Wir lernen mechanisch ein Wissen auswendig, das uns nur zum Teil erfüllt und uns an Grenzen führt. Wir leben jedoch in einem Feld der unbegrenzten Möglichkeiten. Die herkömmlichen Lernmethoden nützen uns oft nicht viel und sprechen meist nur den Kopf an. Wir fühlen uns nicht verbunden, sondern getrennt. Oft wirken wir aus dieser Trennung heraus, ohne die langfristigen Konsequenzen für das Gesamte zu bedenken. Wir kommen nicht dazu, der Welt zu offenbaren, was wirklich in uns angelegt ist. Wir wiederholen Abläufe, um sie zu verinnerlichen, sie auf anderes zu übertragen und unser Leben zu vereinfachen. Dabei vergessen wir die Tiefe und Unergründlichkeit der Seele und des Lebens und damit das Mysterium, das sich in der Stille unseres Seins offenbart.

DURCH DIE LIEBE LEBT DAS WISSEN.
Wie viele Male wurde Wissen angewandt, um die Liebe zum Leben zu unterdrücken und damit das Leben zu töten, statt den lebendigen Geist zu erwecken?
Lebendige Weisheit zeigt sich, wenn wir die Seele mit einbeziehen. So wird ein enormer Wachstumsschub für alles Leben bewirkt, in dem Wunder möglich werden.

Das Lernen der Neuen Zeit ist gekennzeichnet von der ganzheitlichen Wissensvermittlung, die uns mit Freude, Kraft und Energie erfüllt und uns zum Wachsen anregt. Lernen heißt wachsen, erwachen, sein und aus diesem Sein handeln. Es bedeutet, die Fähigkeiten, die in uns liegen, zu offenbaren.

Alles schwingt

Alles schwingt, alles ist Energie.
Nichts ist so starr, wie es scheint.

Wir sind Teil des ewig fortlaufenden, sich wandelnden Lebensstroms, der sich in jeder Sekunde verändert. Unsere Seele hat ein konstantes Schwingungsfeld, das unser Körperfeld hält. Jedoch hat jedes Wort, jeder Gedanke, jedes Gefühl, jede Erfahrung, jede Begebenheit Auswirkungen auf das Schwingungsfeld, das sich feinstofflich ständig verändert, anpasst und immer wieder neu ausrichtet.

Der menschliche Körper besteht aus ungefähr 100 Billionen Zellen. In diesem Moment, in dem du diese Zeilen liest, sterben in jedem von uns über 50 Millionen Zellen und werden durch neue ersetzt. In sieben bis zehn Jahren sind wir von Kopf bis Fuß neu. Alles erneuert sich ständig und fließt durch uns in einem ewigen Kreislauf des Lebens.

Milliarden von Zellen bilden den Körper des Menschen.
Milliarden von Wesen bilden ein Sonnensystem.
Milliarden von Sonnensystemen bilden eine Galaxie.
Milliarden von Galaxien bilden den Körper Gottes.
Die Kraft des Kosmos ist reines Bewusstsein.
Die Zellen unseres Körpers sind Bewusstseinsträger.
Mikrokosmos gleich Makrokosmos.
Alles ist in allem enthalten.

Rudolf Steiner

ÜBUNG:

Den lebendigen Lebensstrom spüren

Schließe für einen Moment die Augen. Mache dir den ewigen Lebensstrom, das Fließen der lebendigen Energie, die dich tagtäglich atmet, durchströmt, auflädt, trägt und führt, einmal für ein paar Minuten bewusst. Verbinde dich in deiner Vorstellung mit dem Feld der Einheit. Die natürliche Form des Lebens ist Teilen, Energie, Energiefluss, Klang, Ton und Schwingung, die wir mit jeder Bewegung, jedem Gedanken, jedem Gefühl, jedem Bild und Wort erzeugen. Spürst du die Bewegung und die Lebensströme, die du bist?

Es gibt eine Huna-Gebetszeile, die dies zum Ausdruck bringt:

Vater – Mutter – Schöpferkraft, große, göttliche Gegenwart der Liebe, des Lebens, der Weisheit und Kraft. Ich danke für das Teilen und die vollkommene, frei fließende Harmonie in der Begegnung mit allen Wesen, die in meine Lebensströme geführt werden.
Möge alles durch mich Miterschaffene eine harmonische, liebende und machtvolle Wirkung entfalten. Zum Segen von allen und allem, wo auch immer – jederzeit. Gott in mir – Gott in allem.

Aloha mahalo.
(Danke, große Liebe, die du deinen Atem mit uns teilst.)

Diese ewige schwingende und fließende Lebenskraft wirkt in den Prinzipien der Resonanz und der Synchronizität. Das bedeutet, wir ziehen Ereignisse und Lebensumstände bewusst oder unbewusst durch unsere Einstellungen in unser Leben und manifestieren sie zu einer Erfahrung, die wir – bewusst oder unbewusst – machen wollen.

Die Bedeutung des Friedens

Es gab neben vielen Ereignissen in meinem Leben ein besonderes Erlebnis, das ich hier mit dir teilen möchte. Es geschah an der Tempelpyramide des Kukulcán in der Ruinenstadt Chichán Itzá in Mexiko. Dort verbrachte ich meinen Urlaub. Ich wählte einen ruhigen Platz, um zu meditieren. Das Lichtfeld an diesem Ort war gigantisch und zeitlos, denn über diesem Platz gibt es im Ätherreich Tempelstätten, in denen die ewige Energie gespeichert ist.

Ich spürte mit einem Mal einen unglaublichen Frieden in mir, der nicht von dieser Welt zu sein schien. Einen Frieden, den ich zuvor noch nie in diesem unbeschreiblichen Ausmaß verspürt hatte. Frieden, Stille, goldenes Licht, Ewigkeit, Ausdehnung. Ich wurde auf der inneren Ebene gefragt, ob ich mir vorstellen könne, auf ewig im Frieden zu ruhen. Dies hörte sich fast an, als würde ich mich auf einem Begräbnis befinden. Es befremdete mich im ersten Moment.

Frieden war bis dahin immer meine größte Sehnsucht für mich, meine Familie, die Menschheit und die Welt gewesen. Nun war ich vollkommen auf den Ebenen des Friedens angelangt … und jetzt? Es fühlte sich zuerst an wie Stillstand.

Ich verweilte in den Ebenen des Friedens und fragte mich:

Was jetzt? Bin ich jetzt angekommen?
Wie soll es weitergehen?
Werden mir die alten unfriedlichen und zum Teil lieb gewonnenen Streitstrukturen und Gewohnheiten nicht fehlen? Ist es dann nicht langweilig?
Wie soll denn ein Leben im völligen Frieden aussehen?

Diese Fragen waren immens wichtig für mich. In mir war Stille. Mit einem Mal nahm ich die Blume des Lebens wahr, das Feld der Schöpfung. Außerdem sah ich goldene Stufen, und ich begriff, dass Entwicklung auf den Ebenen des Friedens nicht aufhört, sondern erst beginnt.

Im Frieden betreten wir die Schöpfungsebenen in die höheren Reiche. Hier vollzieht sich die Entwicklung in höhere Stufen. Hier öffnen sich ganz neue Türen und Tore in andere Dimensionen und Ebenen, die uns heute noch gar nicht bewusst sind.

Auf dieser Ebene beginnen wir erst, unser wahres Potenzial und unsere feinstofflichen Fähigkeiten voll und ganz zu entwickeln und sie zu materialisieren. Hier hören Lüge, Betrug und Verleugnung auf, denn es gibt nichts mehr zu verbergen. Alles wird gesehen, alles wird gehört. Das Universum hört zu. Hier kommen wir in den Einklang mit uns selbst und mit der gesamten Schöpfung, spüren wir Wege der freien Energie, ein Miteinander in Einzigartigkeit und Verbundenheit, die Überwindung von alten Überzeugungen, Heilung auf den tiefsten Ebenen. Eine neue Form unbegrenzter spielerischer Leichtigkeit, eine neue Form der Glückseligkeit. Für jeden von uns stehen die Ebenen des Friedens offen. Mit einem Gedanken und einer friedlichen, emotionalen Ausrichtung sind wir schon dort.

Die Ebenen des Friedens dauerhaft im Herzen zu betreten, ist der Anfang einer neuen Entwicklungsstufe für die gesamte Menschheit und diesen Planeten. Frieden ist schon da. Es bedarf nur unserer eigenen Ausrichtung. Auf diesen Ebenen haben wir kein Bedürfnis mehr danach, zu manipulieren, zu vergleichen, zu bewerten, zu dominieren. Wir lassen uns führen, hören zu, empfangen und bringen, wozu wir gesandt wurden: Liebe und Segen.

Seitdem mir das bewusst ist, ist es für mich eine tägliche Übung, im Frieden zu verweilen und mich, wenn ich aus der Mitte gefallen bin, mit den gelernten Übungen wieder in diese Ebenen zu erheben und das zu tun, was Frieden bringt. Frieden ist ein Bewusstseinszustand, in den wir jederzeit gelangen und in dem wir verweilen können.

Bist du bereit, auf Dauer im Frieden zu sein?

Heilige Geometrie – Schulung innen wie außen

Im Jahr 2007 begann eine neue Schulung in meinem inneren Raum. Ich wurde in meinen Träumen von Meistern der Weißen Bruderschaft in ein neues Gebiet eingeführt, um die Erdheilung, Kollektivfeldheilung und die Heilung von menschlichen Energiefeldern zu beschleunigen. Während dieser Träume wurde ich in neuen Techniken der Licht- und Energiearbeit unterwiesen. Verschiedene Formen – die sich später als platonische Körper offenbarten und auf die ich im Folgenden (ab S. 53) noch genauer eingehe – zeigten sich. Ich konnte mich jedes Mal genau an das erinnern, was mir in den Träumen gezeigt wurde. Diese Schulung erstreckte sich über einen längeren Zeitraum. Wenn Meister uns einweihen, leiten sie uns auch zu Personen, Umständen und Situationen, in denen wir dieses Wissen anwenden können. So wurde ich zu Gudrun Ferenz geführt. Mit ihr fasste ich in zweijähriger Zusammenarbeit unsere theoretischen und praktischen Erkenntnisse zur Heiligen Geometrie in dem Buch »Die Heilige Geometrie der platonischen Körper« zusammen.

Gudrun Ferenz und ich haben bisher mit den Elementarwelten und in den mächtigen Lichtbrennpunkten der Elemente, aus denen alles Lebendige aufgebaut ist, gewirkt und unglaubliche Erfahrungen in der Erdheilung gemacht.

Die Erde ist ein lebendiges Wesen, das sich immer fürsorglich um uns Menschen kümmert. Wenn wir mit den Elementen in Kontakt treten, können wir oft eine sofortige

Reaktion, Interaktion und Kommunikation bemerken, da wir aus ihnen bestehen und sie alles durchdringen. Wolken schieben, Feuer entfachen, Regen herbeirufen, Medizin in der Natur entdecken und vieles mehr. Die lebendige Natur, das Gewebe des Lebens antwortet uns immer und überall, da überall diese eine Intelligenz wirkt, wenn wir offen sind und die Zeichen, die sie uns sendet, bemerken.

Anrufung der Elemente

Heilige Winde *aus allen Richtungen, verbindet euch hier an diesem Ort, reinigt, fegt hinweg, tragt uns den Segen zu, der uns mit allem verbindet.*

Heiliges Feuer *– Feuer, Flamme, Licht –, lodere, leuchte und strahle, transformiere und wandle, trage uns in das eine Licht zurück, das in allem wohnt und jede Form durchstrahlt.*

Heiliges Wasser *des ewigen Lebens, durchflute uns, reinige und segne unser Sein. Auf dass der heilsame Ton, dein lebendiger Klang, die Welt durchtöne.*

Heilige Erde, *heiliger Boden, der du uns nährst und trägst, der du die Früchte unseres Seins sichtbar machst, schenke uns die Kraft der Ausdauer und Beständigkeit, erinnere uns an den Rhythmus des Lebens. Wir sind die Brücke und der Bogen von Himmel und Erde, in dem sich dein Licht und deine Liebe offenbaren.*

Eine weise Kahuna erzählte mir einmal folgende Legende, die sich vor sehr langer Zeit zugetragen haben soll und die ich hier vereinfacht und mit eigenen Worten wiedergebe:

Vor langer Zeit sollen im All »Sternenkriege« getobt haben. Verschiedene kosmisch-geistige Wesenheiten verloren ihren Planeten und damit ihre Heimat. Die Erde war zu dieser Zeit ein Meer. Dieses Meer gebar das Land. Die Elementarkräfte stellten sich zur Verfügung, um diesen geistigen Wesenheiten eine neue Heimat zu schenken, damit sie Frieden finden konnten. Wenn geistige Wesen sich inkarnieren, werden ihre Körper aus dem lebendigen Geist aller Elemente und elementaren Formen aufgebaut, die den platonischen Körpern entsprechen, jedoch beseelt sind. Alle Elemente sind am Aufbau eines Körpers maßgeblich beteiligt.
Es gab eine Abmachung zwischen den lebendigen Lebensströmen, den Formbauern, und den kosmisch-geistigen Wesen. Die Abmachung lautete, dass wir als Menschen die Erde und ihre Wesen achten und hüten und im Gegenzug alles von ihr bekommen, was wir für das Leben brauchen. Am Ende einer Verkörperung zieht sich der kosmisch-geistige Strom in die Lichtgefilde zurück, der Körper wird von den Elementarkräften in seine Bestandteile aufgelöst und an die Erde zurückgegeben. Es ist ein Zusammenspiel, ein Tanz zwischen den göttlichen Mustern und den lebendigen Kräften der Schöpfung.

Da ich neben der Engel- und Strahlenlehre einen schamanischen Weg der lebendigen Erde gewählt habe, war mir die abstrakte Form der platonischen Körper zunächst nicht so einfach zugänglich. Doch im Zusammenspiel der Elementarwelten und der platonischen Körper fand ich letztlich den verbindenden goldenen Zugang. Elementarwelten und die platonischen Körper ließen sich wunderbar vereinbaren und bildeten eine neue Einheit der Elemente, in abstrakter und lebendiger Form. Es war, als ob sich das abstrakte Sein, der Grundbauplan, mit der Lebensessenz und dem fühlenden Bewusstsein der Erde, Gaia, verband. Die Elementarwelten und die Wesen, die sie bevölkern, füllten die Formen mit einem lebendigen Leuchten. Liebe, Freude und Energie wurden sofort spürbar. Mehr über das Zusammenspiel der Elementarwesen und der platonischen Körper findest du in meinem Buch »Heilige Geometrie in der Natur« (Schirner Verlag, 2019).

Die Elementarreiche hüten unsere Erde. Sie sind Formbauer und Formgeber allen Lebens. Ihre mächtigen Lichtbrennpunkte finden sich im Ätherreich, aus diesem Reich werden sie gespeist. In diesen Elementarreichen sind die Urformen zu Hause. Ohne die Elemente wäre Leben, so wie wir es erfahren, nicht möglich. Form und Leben sind eins. Wenn sich der Lebensstrom aus der Form zurückzieht, zerfällt diese in ihre Urbausteine, löst sich auf, verhärtet sich, wird unbeweglich und starr. Wenn wir einen Teil dieser Energie aus dem Feld der Formen ziehen, kann die Energie nicht zirkulieren, sie staut sich und beginnt, zu wuchern, ist nicht mehr im Einklang mit der Schöpfung.

Es macht einen Unterschied, ob ich nur mit den Elementarkräften oder nur mit den platonischen Körpern im Lichtfeld wirke. Am stärksten entsteht ein lebendiger Kraftstrom im Zusammenwirken. Es ist, als ob Himmel und Erde sich wieder vereinen. Es ist wichtig, die lebendige Form neben der abstrakten Form nicht zu vergessen, sondern sie als Einheit im Zusammenspiel der Schöpfung zu betrachten, auf diese Weise balancieren sie sich aus.

Ich habe mit Menschen zusammengearbeitet, die in der Lage waren, hoch komplizierte schöpferische Zusammenhänge über die Heilige Geometrie zu erklären und geistiges Bewusstsein zu erschaffen, andere zu inspirieren. Jedoch konnten sie trotz dieses unglaublichen Wissens sich selbst nicht erfahren, dieses Wissen umsetzen oder in irgendeiner Weise Heilung damit bewirken, da sie keinen Zugang zum lebendigen, liebenden, intuitiv wissenden Feld der Seele finden konnten, ja, dieses sogar ablehnten. Sie waren reich an Wissen und – im wahrsten Sinne des Wortes – armselig, also arm an Seele, zugleich. Sie bewegten sich im abstrakten Raum des Wissens. Doch was nutzt uns das Wissen, wenn wir es nicht anwenden und umsetzen können, zu unserem und zum Wohle des Gesamten? Wissen ist nicht dazu da, ein Ungleichgewicht hervorzurufen, sodass wir uns über andere erheben, die lebendige Schöpfung missachten oder den weiblichen Weg belächeln.

Wissen schafft Bewusstsein.
Weisheit ist Liebe zum Leben.
Und Heilung geschieht, wenn beides zusammenkommt.

Stelle dir eine Struktur vor, hart und fest, verschachtelt in vielen Ebenen und Dimensionen. Nun nimm den lebendigen Strom der Schöpfung wahr, das goldene Lebenselixier aus der Quelle. Dieses Fluidum kann alles durchdringen, durch jede Form fließen, sie erwärmen, ausrichten, verbinden und sie so in die göttliche Ordnung zurücktragen. Es ist die Liebe zu allem Leben und zum lebendigen Geist der Schöpfung.

Exkurs: Die Bedeutung des weiblichen Prinzips für die Heilige Geometrie

Das weibliche Prinzip existiert gleichwertig neben dem männlichen.

Das weibliche Prinzip ist die Heil- und Regenerationskraft in uns. Die weibliche Kraft ist immer da, setzt sich in Bewegung, sobald es ihr erlaubt ist, und führt alles wieder in die Ordnung zurück, während die männliche Kraft sich abtrennt, teilt und aus der Einheit löst und damit Bewusstsein schafft. Oft ist es das männliche Prinzip, das sich gegen das weibliche Prinzip wendet. Hier braucht es Erlösung und Heilung.

Ich möchte dich an dieser Stelle mitnehmen auf eine kurze Reise in das lebendige Geometriefeld, das dich und mich verbindet sowie alles Leben, das aus dem intelligenten Feld des lebendigen Seins stammt. Dieses Feld ist in sich perfekt und vollkommen, ist in allem gegenwärtig, einatmend und ausatmend. Die sichtbare Form ist durchdrungen von einem feinstofflichen, lebendigen Gewebe, in dem alles mit allem verbunden und verknüpft ist. Die Blume des Lebens ist das Symbol dieses Feldes, das Schöpfungsmuster, aus dem alles entspringt. Sie besteht aus Kreisen bzw. Kugeln.

Die Kugel ist die Mutter aller Dinge und damit die wichtigste weibliche Form, sie beinhaltet alles und ist ein Symbol der Unendlichkeit, in ihr ist die gesamte Geometrie enthalten. Während wir in unserer Kultur den Gottvater verehren, verwirklicht sich das Göttliche durch die Materie, die Mutter. Doch nur im Zusammenspiel, im Tanz dieser beiden Kräfte entsteht Schöpfung. Die Kugel als Mutter der platonischen Körper und das Hexaeder als Vater der platonischen Körper bilden zusammen die »Quadratur des Kreises«. (Quadratur des Kreises bedeutet: Ein Kreis (Kugel) wird in ein flächengleiches Quadrat (Hexaeder) verwandelt.) Die Quadratur des Kreises ist eine der wichtigsten Formen der Heiligen Geometrie, da sie die Vereinigung von Vater-Mutter-Schöpfergott bedeutet. Ihre Formel wurde in bedeutenden Tempeln und Kirchen angewandt, da sie die Einheit der schöpferischen Prozesse des Lebens darstellt und den Menschen an diese Einheit und Wandlung der beiden unterschiedlichen Kräfte erinnert. Die energetische Wirkung der beiden Kräfte im Miteinander sowie im Gegeneinander ist enorm, da sie eine untrennbare Einheit darstellen.

Gott erschuf Himmel und Erde und nicht Himmel und Hölle. Es wird Zeit, dass wir zum Himmel auf Erden zurückkehren.

Die Kugel als Lebensblume ist der Schlüssel zur Lebensenergie, sie reiht sich in die Gruppe der platonischen Körper ein. Um begreifen zu können, wie grundlegend die Heilige Geometrie ist, müssen wir verstehen, dass der Kugel, der Blume des Lebens, und den fünf platonischen Körpern die gesamte materielle Welt zugrunde liegt. Sie sind die Muster, aus denen alles erschaffen ist.

Gudrun Ferenz und ich verbinden, wenn wir zusammen wirken, intuitiv beides miteinander, das männliche und das weibliche Prinzip, dadurch werden die heiligen Formen lebendig und wirken in dem intelligenten Feld der Schöpfung auf heilsame Weise. Es ist die Ausrichtung und Anwendung unserer schöpferischen Kräfte, die Heilung oder Gift bewirkt.

Am Ende bleibt es natürlich jedem selbst überlassen, seinen Weg in der Heiligen Geometrie zu gehen. Wir sind eins und verbunden, jeder hat seinen eigenen Zugang und seinen ureigenen Auftrag und Seelenplan.

Wie es zu diesem Buch kam

Bewusstsein heilt.

Gudrun Ferenz und ich beschäftigen uns intensiv mit der Heiligen Geometrie, dem heiligen Feuer (Agnihotra) und den lebendigen Wissensfeldern. Mehr Informationen zum Agnihotra findest du hier: Gudrun Ferenz: Agnihotra – das heilige Feuer. Rituale für Mensch und Raum (Schirner Verlag, 2013).

Eines Morgens, es war im Frühling, trafen wir uns vor Sonnenaufgang in der Natur, um diese von Verschmutzungen zu reinigen, damit reines Prana (Lebensenergie) einströmen konnte. Wir verbanden uns mit den Elementen der Natur. Während der Agnihotra-Zeremonie wurden wir in graue und dunkle Schleier des Nebels gehüllt, die immer dunkler und massiver aus dem Wald hervorzutreten schienen. Es fühlte sich massiv bedrohlich an. So beschlossen wir, im Einklang mit dem heiligen Feuer die Heilige Geometrie zu erwecken und sie gefühlt und geistig in diesem Feld wirken zu lassen.

Wir riefen die lebendigen Elementarkräfte der Schöpfung und fühlten augenblicklich den Wind, die Erde, das Feuer, die Luft und ihre Wesenheiten. Wir nahmen eine tief verwundete Frau wahr und begannen, uns mit der Blume des Lebens, dem Schöpfungsmuster und dem Einheitsfeld, dem alles Leben zugrunde liegt, zu verbinden. Wir fühlten uns als Teil der Einheit.

Aus der Blume des Lebens bildete sich Metatrons Würfel, und aus ihm manifestierten sich nach und nach die platonischen Körper (siehe S. 53). Sie wirkten durch unsere geistige Ausrichtung auf die vollkommenen Formen der Schöpfung und folgten ihrer eigenen Bewegung im Feld. Nacheinander bildeten sich alle platonischen Körper und lösten sich wieder auf, sobald ihr Werk vollendet war.

Jeder platonische Körper bewirkte etwas anderes in diesem Feld: Das Dodekaeder öffnete die Herzschwingung – die Wolken rissen auf, und der erste Strahl der Morgensonne brach hindurch. Es wurde leichter. Das Hexaeder stabilisierte das Feld, das Oktaeder wirbelte in alle Ebenen hinein – unaufhaltsam und rein. Das Ikosaeder begann, die schwarzen Wolken und Emotionen in Balance zu bringen. Zum Schluss löste sich das Tetraeder, Element Feuer. Dabei passierte etwas Verblüffendes. Es verband sich mit dem Feuer des Agnihotras und mit dem Licht des Himmels. Es war, als ob es einen »inneren Schlag« tat und sich alle Negativität auf einmal auflöste. Der Platz war wie gereinigt, in ein reines weißgoldenes Licht getaucht. In uns jubilierte es. Glück breitete sich aus. Die Reinigung hatte sich auf allen elementaren Ebenen in der reinsten Form vollendet.

Gudrun Ferenz und ich waren völlig verblüfft und konnten es kaum fassen. Wir waren stille und friedlich ausgerichtete Beobachter dieses Geschehens gewesen.

Die platonischen Körper reinigen alle elementaren Ebenen und damit das gesamte Feld. Die Methode, die sich aus dem intelligenten Feld der Geometrie selbst offenbarte, war so verblüffend einfach und doch so tiefgreifend, dass wir beschlossen, sie der Welt zugänglich zu machen.

Schon früher hatten uns das Agnihotra, Gudrun Ferenz' Gesang, die Urkräfte der Schöpfung, das heilige Mantra in Verbindung mit den platonischen Körpern einige sehr tiefe Erfahrungen in Raum und Zeit geschenkt. Doch dieses Erlebnis war ein ganz besonderes und sehr unmittelbares.

Es brachte mich dazu, dieses Buch über die Heilige Geometrie zu schreiben, damit sie auf vielen Ebenen angewandt werden kann.

Es war die Geburtsstunde dieser Arbeit.

Exkurs: Heilige Geometrie und das Agnihotra

Die Heilige Geometrie in Verbindung mit dem Agnihotra führt zu einem besonders starken Erleben der Reinigung und Verbundenheit zwischen allen Ebenen und Dimensionen. Ob die Blume des Lebens, die für die grenzenlose Harmonie der Schöpfung steht, oder die platonischen Körper, die mit den Elementen verbunden sind, kommt die Heilige Geometrie zum Agnihotra hinzu, verstärken sich die Grundkräfte der Schöpfung, und die göttliche Ordnung stellt sich wieder her. Das heilige Feuer gewinnt dann an Weite und hilft, alles zu reinigen und zu erlösen, was der Reinigung und Erlösung bedarf. Wir, Gudrun Ferenz und ich, begriffen durch das zuvor beschriebene Erlebnis, wie elementar das Feuer, das Feuer Gottes, das Feuer in den Atomen und Elektronen für die Reinigung von Lichtfeldern ist:

Feuer – Flamme – Licht
Feuer: *Schöpfungsfeuer der Erde*
Flamme: *Herzensflamme, ewiges Licht des lebendigen Seins*
Licht: *Licht des Geistes, das immer da ist, ohne das das Leben hier auf Erden nicht in dieser Weise möglich wäre*

Übe, Feuer, Flamme und Licht in allem wahrzunehmen, denn aus dem Licht stammt der ewige, unermüdliche Energiestrom, der uns atmen lässt, uns auflädt, trägt und das lebendige Sein ermöglicht. Feuer kann nur brennen, weil es Licht gibt. Auf der geistigen Ebene ist das Feuer schon vorhanden, es wird durch das Anzünden in diese Wirklichkeit geholt. Spüre die feinen Grenzen zwischen den Welten in einem lebendigen Feld des Seins.

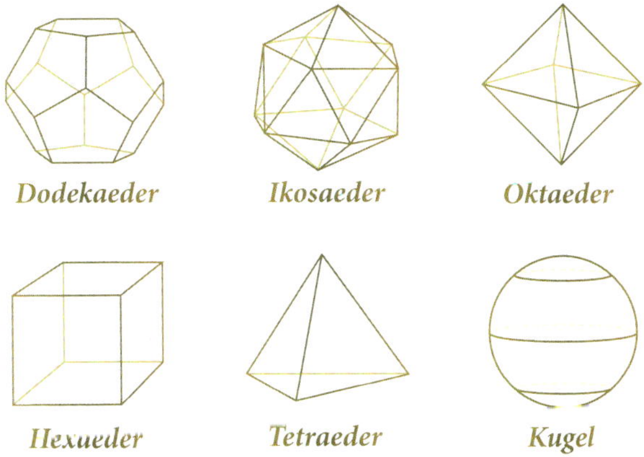

Grundlagen

Die platonischen Körper

Die platonischen Körper und universellen geometrischen Formen symbolisieren universelle Prinzipien mit mächtigen Eigenschaften. Die fünf platonischen Körper repräsentieren die Elemente Feuer, Erde, Wasser, Luft und Äther. Ihnen liegt die gesamte materielle Wirklichkeit zugrunde. Daher können sie sowohl in den kleinsten Bausteinen der Schöpfung gefunden werden als auch in den großen Bewegungen des Kosmos.

Das Dodekaeder beispielsweise enthält das Pentagramm in seiner Grundfläche, dem Pentagon. Der Planet Venus zeichnet in seinen Bewegungen in Bezug auf Sonne und Erde innerhalb von acht Jahren ein Pentagramm in den Himmel.

Alle Formen sind multidimensional und reichen weit in andere Dimensionen und Ebenen hinein. Abhängig von den Formen und ihrer Symbolik können wir andere dimensionale Kräfte und Wesen aktivieren, Energien anziehen und verstärken. Die platonische Form des Wassers beispielsweise ist das Ikosaeder, das die Eigenschaften hat, sich fließend zu verbinden, zu entgiften, zu reinigen und zu erhöhen, und uns in die Reiche der Undinen und Nereiden führt. Die platonischen Körper sind zwar den Elementen zugeordnet, schwingen aber grundsätzlich in allen Elementen und Ebenen, sodass sich alles durchdringt und gegenseitig beeinflusst.

Im Folgenden habe ich für dich ein paar Erfahrungswerte aus der praktischen Arbeit mit den platonischen Körpern kurz zusammengefasst. Mehr Informationen über die platonischen Körper und ihre Wirkungsweisen findest du in meinem Buch »Die Heilige Geometrie der platonischen Körper« (Schirner Verlag, 2010).

Dodekaeder – Element Äther

Das Dodekaeder gilt als der vollkommenste platonische Körper. Es öffnet das multidimensionale Bewusstsein, das wir sind, und unseren Lichtkörper. Es verfeinert alle Sinne und öffnet die inneren. Zudem verstärkt es die schöpferischen Kräfte in uns und verbindet uns mit unserem Selbst und mit höheren Welten sowie der höheren Natur des Seins und der Liebe zu allem Leben. Es eröffnet uns eine holistische Sichtweise der Welt und hilft

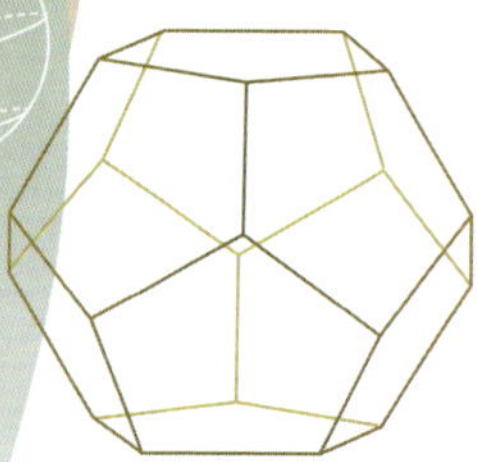

uns, unseren Auftrag hier auf der Erde anzunehmen und unser Licht in die Welt strahlen zu lassen.

ÜBUNG:
Das Dodekaeder

Drucke die Grundform des Dodekaeders (das Pentagon oder Fünfeck) in der Größe, in der du sie brauchst, aus, und lege sie auf den Boden. Stelle dich mit einem Fuß darauf, der andere verbleibt außerhalb der Form. Spüre den Unterschied! Es ist, als ob man ganz in seine Mitte kommt, spirituell geborgen ist, Liebe und Wärme in sich hinein und in das Feld strahlt.

Exkurs: Das Christusgitternetz der Erde

Das Dodekaeder öffnet unser Herzfeld, verbindet uns mit dem Christusgitternetz und hilft uns, bei uns selbst zu bleiben. Es öffnet die multidimensionale Sicht und das Muster der Schöpfung, das sich vom Kleinsten bis ins Größte hineinzieht. Das Christusgitternetz, das sich um die Erde spannt, hat die Form eines Dodekaeders. Es unterstützt uns dabei, in neue Dimensionen und Ebenen zu erwachen, die Multidimensionalität zu erkennen, mit höheren Welten zu kommunizieren, uns für die Liebe, den wahren Kern allen Seins, zu öffnen und im Frieden zu sein.

Ikosaeder – Element Wasser

Das Ikosaeder wirkt balancierend, harmonisierend, klärend, entgiftend, reinigend, öffnend, kühlend, magnetisch, aufnehmend, speichernd, abgebend, lösend, verbindend, in den Fluss bringend. Es hilft bei Trauer, emotional stabil zu bleiben, steht für Rhythmen, Kreisläufe, das Ausgleichen von gegenläufigen Strömungen, das Harmonisieren von Beziehungen, das Knüpfen und Lösen von Verbindungen. Mit ihm lassen sich die Tore in die Wasser- und Ahnenreiche öffnen. Zudem verstärkt es die Hellsichtigkeit und die Telepathie.

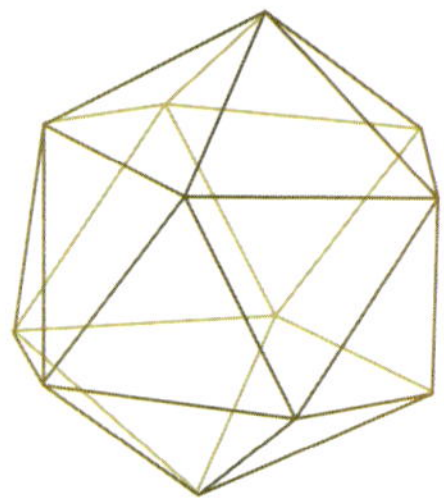

Das Ikosaeder hat viele Anschlussstellen. Je mehr Verknüpfungen und persönliche Verbindungen wir zu einem Ereignis haben, desto mehr betrifft uns dieses Ereignis und beeinflusst unser Gefühlsfeld und unsere Energie. Das Ikosaeder hilft uns dann, uns auszubalancieren, zu entgiften und uns von alten Ereignissen zu lösen, damit wir uns neu binden können. Es kann uns bis zu den Wurzeln des Übels tragen über Raum und Zeit hinweg, damit wir die Ursache des Übels erkennen können und uns nicht in Symptomen verstricken. Es führt in die vollkommene Form des Wassers zurück.

ÜBUNG:
Das Ikosaeder

Drucke die Grundform des Ikosaeders (das gleichseitige Dreieck) in der Größe, in der du sie brauchst, aus, und lege sie auf den Boden. Stelle dich mit einem Fuß darauf, der andere verbleibt außerhalb der Form. Spüre den Unterschied! Oft fängt man an, kreisförmig zu schwanken, und spürt die Ausbalancierung.

Exkurs: Das Mariengitternetz der Erde

Das Mariengitternetz der Erde hat die Form eines Ikosaeders. Es verbindet alle Quellen und Ozeane miteinander, die wiederum mit dem All verbunden sind. Wale schwimmen auf den Energielinien des Mariengitternetzes und singen ihre Töne entlang dieser Linien. Alle Quellen, alle Gewässer der Erde sind eins und in allem enthalten.

Früher spiegelten die Quellen den Sternenhimmel in der Nacht. Über das Bad im Wasser in der Dunkelheit konnte man sich mit bestimmten Sternen verbinden.

In ihrem Buch »Der Himmel ist unter uns« weisen Wolfgang Thiele und Herbert Knorr nach, dass die alten Kraftplätze in einem riesigen Geflecht von Sternbodenbildern liegen. Sie spiegeln den Himmel in Europa und sind ein Verweis darauf, dass der Himmel mitten unter uns ist. Leider sind auf den meisten Quellenheiligtümern Kirchen und Kapellen erbaut worden, sodass sich die Sterne nicht mehr in der Oberfläche des Quellwassers spiegeln können. Darüber hinaus wurden viele Quellen eingemauert.

Die Marien – heilige Frauen – waren in früheren Zeiten die Hüterinnen der Quellen. Noch heute verweisen die Marien in Kirchen und Kapellen auf alte Quellenheiligtümer, die sich exakt an den Gestirnen ausrichten und alles miteinander verbinden. Der Himmel ist auf Erden, und wir sind mit dem All verbunden.

Visualisiere einen Moment, wie das Christusgitternetz um die Erde sich wieder vollkommen mit dem Mariengitternetz in den Weltmeeren verbindet. DANKE!

ÜBUNG:
Die Harmonie von Dodekaeder und Ikosaeder

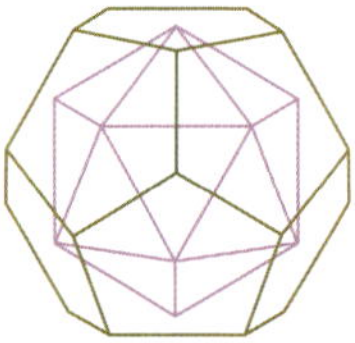

Betrachte das Dodekaeder und innerhalb des Dodekaeders das Ikosaeder. Spüre die Schwingung und die Drehung des Dodekaeders. Nimm nun die Schwingung und Drehung des Ikosaeders innerhalb des Dodekaeders wahr.

Vielleicht kannst du die elektrischen und magnetischen Frequenzen, Wellen und Linien spüren – das lebendige strahlende, fließende, rhythmische Herzfeld, in dem alles stetig fließt und sich erneuert und alles gleichzeitig ruhig und strahlend ist. *Polarität vereinigt sich.*

Oktaeder – Element Luft

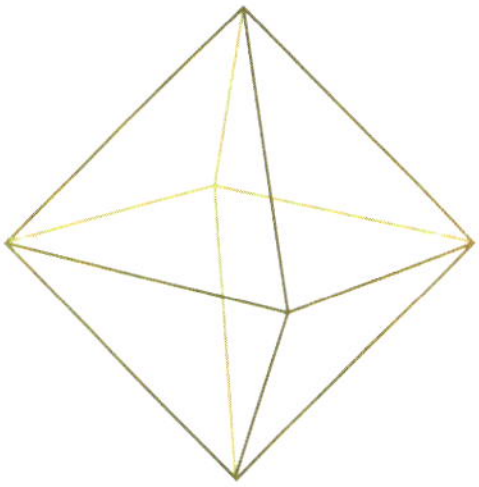

Das Oktaeder wirkt reinigend, öffnend, klärend, befreiend und segnend. Es symbolisiert Freude, Licht, Bewegung, Verbundenheit, Unendlichkeit, Allraum, Schwingung, Ausrichtung und Aufladung. Es kann festgefahrene Situationen lockern, Glaubenssätze transformieren, Energiebahnen öffnen, Nervenbahnen frei machen, die Lichtbahnen stärken, und hilft, dass sich Energieströme wieder verbinden und frische Energie fließen kann. Es stärkt den Geist und eine positive, offene Geisteshaltung und führt in die vollkommene Form der Luft zurück.

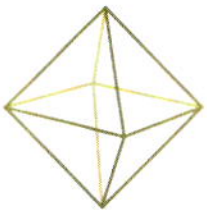

ÜBUNG:
Das Oktaeder

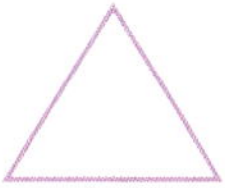

Drucke die Grundform des Oktaeders (das gleichseitige Dreieck) in der Größe, in der du sie brauchst, aus, und lege sie auf den Boden. Stelle dich mit einem Fuß darauf, der andere verbleibt außerhalb der Form. Spüre den Unterschied! Es ist, als ob ein Fuß tanzt und der andere ruhig am Boden steht. Es kommt Bewegung in dein System.

Hexaeder – Element Erde

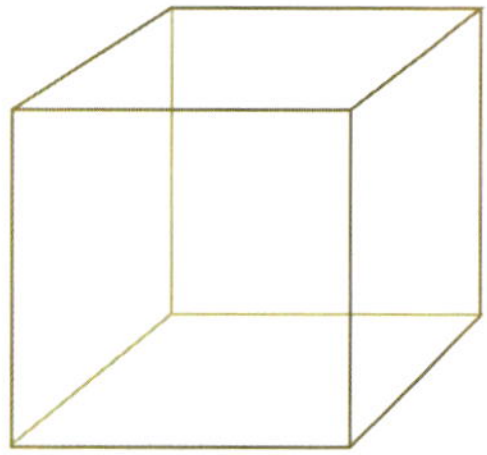

Im Hexaeder sind alle anderen platonischen Körper enthalten. Es steht für das Speichern, Sammeln und Bündeln von Energie, das Stabilisieren, das Beruhigen, die Stille, aber auch für das Lockern, Entkrampfen und Entspannen, die Präsenz, Mäßigkeit, dafür, in das rechte Maß zu finden und sich als Teil der Schöpfung zu verstehen. Es öffnet uns Tore in die Erdreiche und verbindet uns mit den vollkommenen Kräften der Erde. Das Hexaeder kann darüber hinaus z. B. die Heilung von Knochenbrüchen unterstützen, da es das Feld beruhigt, zusammenzieht und stabilisiert.

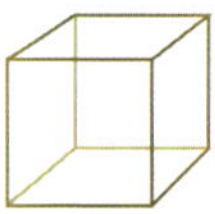

ÜBUNG:
Das Hexaeder

Drucke die Grundform des Hexaeders (das Quadrat) in der Größe, in der du sie brauchst, aus, und lege sie auf den Boden. Stelle dich mit einem Fuß auf das Quadrat, der andere verbleibt außerhalb der Form. Spüre den Unterschied! Das Bein auf dem Quadrat fühlt sich in der Regel stabiler, ruhiger, fester an als das andere. Gleiche dich aus, indem du den Fuß wechselst.

Tetraeder – Element Feuer

Das Tetraeder wirkt wärmend, vitalisierend, bewegend, anregend, energetisierend, schocklösend, befreiend, aufsteigend, aufweckend, reinigend, erlösend und verstärkt den Energiefluss. Es hilft, Elektrosmogfelder zu transformieren, öffnet die Tore in die Feuerreiche und verbindet uns mit den vollkommenen Kräften des Feuers. Darüber hinaus kann es die Lebensfreude und die sinnlichen Kräfte anregen, den Zeugungsakt unterstützen, und die Kundalini (die ätherische Kraft in uns Menschen) erwecken. Auch können Seelenenergien durch das Tetraeder ins Licht zurückgeführt werden.

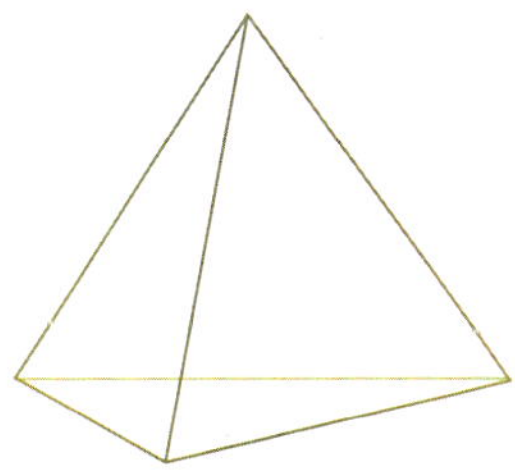

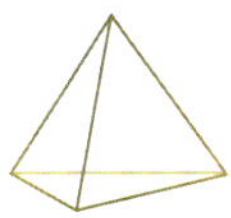

ÜBUNG:

Das Tetraeder

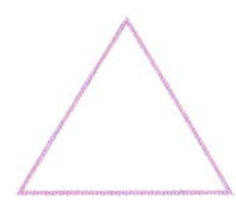

Drucke die Grundform des Tetraeders (das gleichseitige Dreieck) in der Größe, in der du sie brauchst, aus, und lege sie auf den Boden. Stelle dich mit einem Fuß auf das Dreieck, der andere verbleibt außerhalb der Form. Spüre den Unterschied! Wechsle die Richtung des Dreiecks, und spüre nochmals hinein. Spürst du bei einer Variante einen stärkeren Energiefluss? Balanciere dich aus, indem du den Fuß wechselst.

Exkurs: Die Pyramide

Die Pyramide ist an der Ewigkeit ausgerichtet. Sie kann mächtige Felder aufbauen, die weit in höhere Ebenen hineingehen, schützt, verleiht Kraft und ordnet Felder neu.

Richtet man die Pyramide exakt nach Osten aus, leitet sie Energien aus dem Einheitsfeld in die Ebenen der Dualität. Sie stabilisiert und löst auf, was nicht in der Balance ist. Sie erhöht Energie und hilft, diese zu halten. Zudem verstärkt und bündelt sie die Aufstiegsenergie.

In der Arbeit mit der Pyramidenenergie ist es wichtig, den Bezug zum Leben nicht zu verlieren und in der Liebe verbunden zu bleiben – zum eigenen Wohle und zum Wohle des Gesamten.

Kugel

Die Kugel symbolisiert Leere, und dennoch ist alles in ihr enthalten. Sie ist die göttliche Matrix, das Schöpfungsfeld und steht für Freiheit, Einheit, Beweglichkeit, Flexibilität und Verbundenheit. Sie kann alles durchdringen und sich mit allem verbinden.

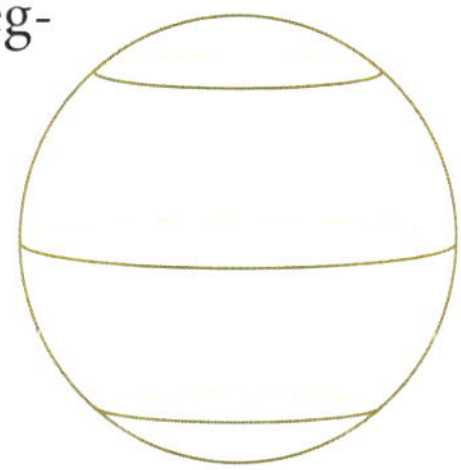

ÜBUNG:
Die Kugel

Drucke die Grundform der Kugel (den Kreis) in der Größe, in der du sie brauchst, aus, und lege sie auf den Boden. Stelle dich mit einem Fuß darauf, der andere verbleibt außerhalb der Form. Spüre den Unterschied! Der Fuß, der auf dem Symbol steht, ist in der Regel leicht und beweglich. Alles schwingt.

Exkurs: Vortexfelder

Als Vortex bezeichnet man eine drehende Bewegung von Fluidelementen um eine Drehachse. Die Wirbelstärke im Zentrum ist groß. Das Vortexfeld hat Sogwirkung, nimmt Energie auf, wandelt die Energie und ist in der Lage, Felder zu reinigen, aber auch zu zerstören – je nach Intensität und Ausrichtung. Durch die drehende Bewegung und den Sog geschieht eine schnelle und leichte Reinigung in den tiefen Schichten der Ablagerung und Speicherung. Die Energie wird in die göttliche Ordnung zurückgedreht.

Vortexfelder existieren überall und auf jeder Ebene auf der Welt. Alte Legenden besagen, dass Vortexfelder die Tore in andere Ebenen und Sternensysteme waren.

Wer schon einmal in der Nähe eines Kraftortes, eines Vortexfeldes verweilt hat, weiß, wie unwirklich und fein die Energie an solchen Orten wirkt. Man hat das Gefühl, sich sofort in andere Ebenen und Dimensionen »beamen« zu können.

Vortexfelder können unsere DNA, unser Potenzial und unser Herzfeld öffnen und mit anderen Feldern verbinden. Die Arbeit mit Vortexfeldern wird immer bedeutender, da viele Energien gereinigt werden wollen und wir andere Ebenen des Seins immer mehr über den Vortex erschließen werden.

Schauen wir uns Kornkreise an, so entdecken wir das eine oder andere Vortexfeld, das dazu dient, bestimmte Strahlungen zu neutralisieren, z. B. Industrieverschmutzungen, Strahlenverschmutzungen usw. Vortexfelder sind göttliche Bewusstseinsfelder, die in einer großen Geschwindigkeit den Missbrauch von Energien lösen können.

In einer Sitzung mit den platonischen Körpern und der Verbindung mit Metatron und Shekina wurden mir diese drehenden und wirbelnden Felder gezeigt, die sich an der göttlichen Matrix ausrichten. Ich erfuhr, wie sie arbeiten. Ich wende sie nicht willentlich an, sondern nur, wenn sie mir im Einklang mit dem Herzen gezeigt werden. Ich lasse mich dabei führen und habe sanfte, tief reinigende Erfahrungen mit den Vortexfeldern erlebt. Ich arbeite gern mit der Vortexenergie im Ho'oponopono, in der Vergebung, da sie sämtliche missbrauchte Energie bis in die tiefsten Schichten aufsaugt und umwandelt und mich wieder in den Fluss des Seins erhebt.

Es gibt noch so viel zu entdecken und zu entwickeln. Ich freue mich, wenn Erfindungen der freien Energie ihren Durchbruch auf dieser Erdenebene schaffen, das Neue heranfließt und sich zeigt.

Wie wirkt Heilige Geometrie?

Geometriefelder und die platonischen Körper haben ihre eigene Bewegung im Raumfeld, deren Zeuge wir werden können. In der Arbeit mit der Heiligen Geometrie ist mir bewusst geworden, welche machtvollen Werkzeuge wir in den Händen halten und in uns tragen. Mache dir noch einmal bewusst: Geometrie ist in allem. Alles, ausnahmslos alles, beruht auf ihr, von den am niedrigsten bis in die am höchsten schwingenden Felder. Die Heilige Geometrie spiegelt die göttliche Matrix wider und geht in Resonanz mit ihr.

Die platonischen Körper richten die Geometriefelder, die alles durchziehen, wieder an der ursprünglichen natürlichen Matrix des Lebens, an der Urstruktur aus. Gleichzeitig wird alles Disharmonische, was wir vor uns selbst und vor anderen verborgen haben, an die Oberfläche geholt, damit es sich lösen kann. Das kann für einen Moment ein schmerzlicher Prozess sein: Eine gravierende Veränderung tritt ein, und ein Abgleich mit unserem Seelenplan findet statt. Es scheint, als ob wir uns weit von unserem Seelenplan weg bewegen und doch gleichzeitig auf ihn zu. Wir werden wieder mit unserer »Urschwingung« verbunden, von der wir uns vielleicht sogar über mehrere Inkarnationen gelöst hatten.

Alles kehrt in die Einheit zurück. Themen, die wir meinten längst abgeschlossen und hinter uns gelassen zu haben, kommen an die Oberfläche, da es im Feld der Einheit keine Trennung von Vergangenheit, Gegenwart und Zukunft gibt, sondern alles gleichzeitig existiert und in diesem Sinne weder abgeschlossen noch verwahrt werden kann. Durch Vergebung, Anerkennung und Akzeptanz sich selbst und allem anderen gegenüber kann all das in die Einheit allen Seins gehoben werden und den richtigen Platz innerhalb dieser Einheit finden.

Aus der Perspektive der Ewigkeit gesehen, ist dies keine große Sache, doch hier auf der Erde kann es ein sehr anstrengender, mühevoller und zum Teil schmerzhafter Prozess sein, der vieles in Bewegung setzt, der Vertrauen und Hingabe von uns fordert. Hingabe, dem Plan zu folgen, sich führen zu lassen und sich einer neuen Bewegung zu öffnen, in der kein Stein auf dem anderen bleibt und wir unsere lieb gewonnenen Komfortzonen, Muster und Gedankengebäude verlassen müssen.

Die platonischen Körper sind keine statischen, sondern bewegliche Formen. Sie können das Unten nach oben bringen und dadurch die Harmonie und göttliche Ordnung wiederherstellen. Disharmonien werden sichtbar, damit sie gelöst werden können. Zeit spielt dabei keine Rolle, da die platonischen Körper im ewigen, zeitlosen Raum schwingen. Alles kommt in den Fluss und damit in einem steten Prozess zurück in eine größere Ordnung.

Ein Beispiel:
Auf einem Fabrikgelände gab es einen Raum, der im Boden ein energetisches Loch hatte. Das führte dazu, dass sich Energie an diesem Ort nicht sammeln konnte und die Firma rote Zahlen schrieb. In der Lichtfeldarbeit zeigten sich ganz deutlich die Kugel, das Dodekaeder und das Oktaeder.

Hexaeder, Ikosaeder und Tetraeder hingegen liefen sofort durch und erzeugten keine große Resonanz im Feld. In der Lichtfeldarbeit wurden das Dodekaeder, die Kugel und das Oktaeder im Boden verankert. Das energetische Loch löste sich auf, Energie strömte in den Raum, das Herzfeld öffnete sich.

In den darauffolgenden Monaten und Jahren geschah Folgendes: Angestellte kündigten, und neue Mitarbeiter bewarben sich, die effektiver arbeiteten. Auf diese Weise wurden insgesamt weniger Arbeitskräfte benötigt. Auch die Produktionsabläufe änderten sich grundlegend. Man schrieb nun dauerhaft schwarze Zahlen. Noch etwas später änderte sich die gesamte Funktion des Raums, er wurde von einer Fabrikhalle zu einem Seminarraum, in dem viel Erdheilung und Bewusstseinsarbeit stattfinden konnte.

Du siehst, eine Veränderung im Lichtfeld bewegt das ganze Feld in eine höhere Ordnung zurück. Der gesamte Prozess war durchaus positiv zu bewerten, auch wenn er für Einzelne anstrengend, verunsichernd und aufregend war. Im Ganzen gesehen, ist jedoch letztlich alles auf einer Ebene angekommen, die dem Leben dient.

Wenn wir nicht bereit sind, einer Neuausrichtung und dem Abgleich mit dem göttlichen Feld, die durch die platonischen Körper in der Lichtarbeit angeregt werden, zu vertrauen, können sich Blockaden, Krankheiten und Ähnliches verstärken. Die platonischen Körper regen den Energiefluss auf noch unerklärbare Weise an.

Aus meiner Erfahrung mit den platonischen Körpern kann ich durchaus nachvollziehen, warum das Wissen über sie früher nur in den Mysterienschulen gelehrt wurde. Sie verstärken unsere schöpferischen Kräfte, unterstützen die Selbstmeisterung und damit die Selbstermächtigung und zeigen uns, dass wir »göttliche Wesen im Werden« sind.

Selbstmeisterung, Reinheit, Herzensbildung, Wahrhaftigkeit, Selbst- und Nächstenliebe sind unerlässlich in der Arbeit mit den platonischen Körpern, wenn wir sie auf heilsame Weise zu unserem und zum Wohle des Gesamten anwenden möchten. Ein Wort kann zu einer Waffe oder einem heilsamen Impuls für alle werden angesichts dieser gewaltigen schöpferischen Kräfte. Wir können nicht *nicht* wirken in diesem Feld, da jeder unserer Impulse bereits eine Auswirkung darauf hat. Je nachdem, wie geschult wir in der Energiearbeit sind, sind Impulse kleine Lichtfunken oder mächtige Lichtblitze.

Einklang von Körper, Geist und Seele

Voraussetzung für das Heilen und Wirken mit Heiliger Geometrie sind der Einklang von Körper, Geist und Seele und die Rückkehr in die Einheit.

Gerade in der Heilarbeit ist darauf zu achten, dass wir Körper, Geist und Seele in Einklang bringen, da diese drei Aspekte unterschiedliche Schwingungsfrequenzen in sich tragen, die für die Heilung essenziell sind. Es ist wichtig, nicht nur im Geist zu sein, sondern ebenso die Seele zu fühlen sowie zu erspüren, was im Körper geschieht. Körper, Geist und Seele sind die Einheit allen Seins. Ein Wort, das im Einklang mit all diesen Ebenen gesprochen wird, hat unermessliche Kraft.

Oft ist der Geist schon längst in der fünften Dimension, weit weg von allem. Das zeigt sich dann häufig in einer großen Abspaltung durch zu viel theoretisches Wissen und zu wenig nötige Praxis. Begib dich stattdessen mit Geist, Körper und Seele in die fünfte Dimension. Erlöse die Speicher der Seele, damit sie sich erheben kann.

***Der Körper** hat einen Anfang und ein Ende, und wie eine Frucht enthält er den Samen der Ewigkeit und kann immer wieder dasselbe Muster hervorbringen. Das Muster, der Aufbau des menschlichen Körpers, ist überall gleich und ewig fortlaufend.*

Der Geist *ist ewig. Er kann unberührt bleiben von der Kraft der Seele. Er kann die Seele aber auch erheben, wenn er sich mit der Liebe verbindet und zu einem lebendigen Wissensfeld wird, das Heilung und Wandlung bewirkt.*

In der heutigen Zeit haben wir einen offenen Zugang zum Geist, der als der lichte Vater der Schöpfung gilt. Den Zugang zur Seele haben wir meist verloren.

Die Seele *ist der Ozean der Liebe. Sie hat keinen Anfang und kein Ende. Sie ist mit allem verbunden, speichert alles und formt sich durch das Erleben. Die Seele ist die liebende Mutter der Schöpfung. Wenn sie berührt und erweckt wird, können Heilung und Regeneration erfahrbar und erlebbar werden und in kurzer Zeit geschehen. Es ist notwendig, den Zugang zur Seele zu öffnen, da sie das lebendige Wissensfeld ist, aus dem Regeneration und Degeneration stammen.*

ÜBUNG:
Körper, Geist und Seele in Einklang bringen

Zur Einstimmung:
Nimm dir Zeit für dich selbst, werde ruhig, spüre in dich hinein. Wie fühlst du dich gerade? Atme drei Mal zum Kronenzentrum ein und in deine Mitte aus. Öffne dein Herz für die Liebe zu allem Leben und zu dir selbst. Spüre ganz bewusst Körper, Geist und Seele.

Übung für den Körper:
Nimm ein paar ganz bewusste Atemzüge für deinen Körper. Spüre die Energie deines Körpers, seine Schwingung und Vibration. Wie fühlt er sich an? Wo fließt Energie? Wo ist sie blockiert? Lade deine Körperenergie über deinen Atem auf. Spüre, wie Licht in deinen Körper hineinfließt, er sich ausrichtet, sich Blockaden lösen. Bitte das intelligente Lichtfeld deines Körpers darum, sich an der göttlichen Matrix auszurichten.

Übung für den Geist:
Nimm ein paar ganz bewusste Atemzüge, und fühle die geistige Energie (deinen Intellekt, dein Bewusstsein). Wo sitzt sie? Wie fühlt sie sich an? Wie weit kann sie sich ausdehnen oder zusammenziehen? Lade sie über den Atem auf, und bitte darum, dass sie sich an der göttlichen Matrix ausrichtet. Atme, und spüre.

Übung für die Seele:
Nimm ein paar ganz bewusste Atemzüge für deine Seele. Spüre ihre Energie, ihre Schwingung, ihre Gefühlslage, ihre Ausstrahlung. Nimm alles so an, wie es ist. Wie fühlt sich deine seelische Energie an? Wo spürst du diese Energie in dir? Lade deine Seelenenergie über deinen Atem auf. Spüre, wie Licht in deine Seele hineinfließt, sie sich befreit, sich Blockaden lösen. Bitte das intelligente Lichtfeld deiner Seele darum, sich an der göttlichen Matrix auszurichten.

Körper, Geist und Seele in Einklang bringen:
Nun bitte darum, dass Körper, Geist und Seele in Einklang gebracht werden. Du kannst dir dabei vorstellen, wie sie sich vollkommen ausrichten und eine Einheit werden – wie eine Frucht, die Schale, Fruchtfleisch und Kern enthält.

Wie fühlst du dich jetzt?

Wenn du während dieser Übung einen Impuls spürst, z. B. in die Natur zu gehen, Wasser zu trinken, so folge dieser Eingebung. Diese Übung schenkt dir Einklang und eine klare Präsenz im Hier und Jetzt. Sie verstärkt deine Intuition, und du kannst Signale auf den verschiedenen Ebenen besser wahrnehmen.

Wiederhole diese Übung immer dann, wenn sie dir in den Sinn kommt.

Zur Vertiefung:
Nimm einen Atemzug für den Körper, und verbinde diesen mit deinem Lichtkörper. Nimm einen Atemzug für den Geist, und verbinde diesen mit dem universellen Geist. Nimm einen Atemzug für die Seele, und verbinde diese mit den transzendenten Ebenen.

Wende diese Übung an, um Felder von Tieren, Plätzen und Orten zu erspüren und um ein ganzheitliches Bild zu gewinnen. Wo sind Trennungen, wo Verbindungen?

ÜBUNG:
Rückkehr in die Einheit – die Blume des Lebens

Nimm dir Raum und Zeit für dich selbst.

Aufladen und verbinden:
Fühle den Raum über dir, den Allraum, die Sterne, das All und die unbegrenzten Weiten. Atme drei Mal aus diesem Raum zum Kronenzentrum ein und zu deiner Mitte aus. Spüre, wie du dich ausrichtest. Nimm nun den Raum unter dir wahr. Deine Verbindung zu Mutter Erde. Dies kann über die Wurzeln, die Gold- und Silberadern, die Kristalle, die Wasseradern oder auf jede andere Weise geschehen, die du mit dem Einheitsfeld der Erde verbindest. Atme drei Mal aus diesem Raum über die Fußsohlen ein und über deine Mitte aus.

Das Herz öffnen:
Atme nun in dein Herz hinein. Wie fühlt sich dieses an? Nimm es wahr. Mit jedem Atemzug strömt Licht ein und beginnt, dein Herz sanft für die Liebe zu allem Leben zu öffnen. Stelle dir vor, dass sich eine Rose in deinem Herzen öffnet und langsam erblüht.

Das Lichtfeld entfalten:
Spüre mit jedem Atemzug die Ausdehnung deines Energiefeldes. Atme in deinen Körper. Atme in deinen Geist. Atme in deine Seele. Fühle die Verbindung und die Ausrichtung dieser drei Schwingungsräume.

Atme in deinen physischen Körper.
Atme in deinen Emotionalkörper.
Atme in deinen energetischen Körper.
Atme in deinen Geistkörper.
Atme in deinen Lichtkörper.
Spüre die Ausrichtung deiner Körper.
Nun nimm die fünfte Kammer deines Herzens (siehe S. 84) wahr, den Sitz deines Selbst, den Sitz der ewigen Flamme in dir.

Blume des Lebens:
Nun stelle dir das unbegrenzte Feld der Blume des Lebens vor. Sie kann sich in die Unendlichkeit ausdehnen und sich in die Urform zurückziehen. In ihr ist alles enthalten, sie ist das lebendige Feld, aus dem alle Schöpfung entsteht. Spüre dich als Energie in diesem unbegrenzten Feld. Du bist Teil dieses Feldes der Ewigkeit und eins mit deinem Höheren Selbst.

Vergangenheit, Gegenwart und Zukunft sind in diesen Ebenen eins. Vom Ursprung deiner Seele über alle Erlebnisse aus vergangenen Zeiten, alles ist eins. Es gibt keine Trennung – nur dieses Feld der Einheit. Lasse jetzt alles da sein. ALLES.

Annehmen:
Erlaube jetzt jedem Ereignis, allem, was dir in den Sinn kommt, allen Menschen, Freunden, Feinden, Tätern, Opfern, allem, was du je erlebt und erfahren hast, allem, was du je getan hast, im Guten wie im Bösen, den traurigen, den glücklichen, den schicksalhaften Ereignissen … erlaube allem, da zu sein, während du in deiner Mitte ruhst.

Atme weiter in das Feld der Einheit hinein. Spüre, wie die gesamte blockierte Energie, die du zur Unterdrückung oder zum Abschließen der Vergangenheit aufgewandt hast, frei wird. Erlaube, dass alles gleichzeitig existiert. Lasse alles da sein – ALLES – gleichzeitig. Spüre das Schwingungsfeld, das sich daraus ergibt. Wie fühlt es sich an, wenn alles da sein darf, nichts mehr unterdrückt werden muss? Atme in dieses Feld hinein.

Befreien und neu ausrichten:
Erlaube nun den platonischen Körpern, den Wesen höherer Ordnung (Engeln, z. B. Metatron und Shekina, Melchizedek, Saint Germain, Mutter Maria), das Feld neu auszurichten und Gnade, Licht, Vergebung und Erlösung hineinströmen zu lassen. Spüre, wie das gesamte Feld beginnt, sich zu befreien und in dem Licht des Bewusstseins neu zu sortieren. Vielleicht erkennst du, dass du die eine oder andere Herausforderung in deinem Leben angeregt hast, über dich hinauszuwachsen, neue Qualitäten zu entwickeln. Spüre einfach. Erlaube allem, da zu sein. Auch du bist da, auch du hast deinen Platz. In dieser Neuausrichtung kommt alles in ein perfektes Maß, das dir und dem Gesamten dient.

Ruhe ganz in deiner Mitte, in diesem Feld. Fühle die Entspannung, die mit dieser neuen Ausrichtung einhergeht. Du musst nichts mehr festhalten, nichts mehr unterdrücken oder ausklammern. Alles darf sein. ICH BIN. Spüre die Lösung und Klärung, die ganz von allein geschieht.

Das Universum sieht alles. Lasse dich betrachten bis in deine tiefsten Tiefen und dein innerstes Sein. Atme, und entspanne dich. Das Licht der bedingungslosen Liebe richtet alles neu aus.

Bitte nun darum, dich mit diesen höheren Ebenen synchronisieren zu dürfen, um zur rechten Zeit am rechten Ort sein und das Richtige tun zu können. Vertraue auf das intelligente, bewusste Feld der Einheit. Versuche nicht, dieses heilige, intelligente Feld zu kontrollieren, sondern fühle dich zutiefst verbunden und eins mit dem Feld der Einheit.

Energie will frei fließen und tanzen im geometrischen Feld der unbegrenzten Möglichkeiten. Wenn du sie nutzt, um etwas abzuschließen, zu unterdrücken, zu beurteilen …, so bindest du diese frei fließende Energie, die sich von allein an der göttlichen Matrix orientiert, so lange, bis du sie wieder freigibst. Was für dich frei wird, wird für alle frei und kann sich wieder neu ausrichten.

Um die Übung zu beenden, atme dich aus dem inneren Raum in den äußeren Raum zurück. Sei ganz bei dir.

Exkurs: MERKABA – unser Lichtkörper

Alles, was existiert, ist von Lichtfeldern durchdrungen, die dem geometrischen Prinzip des Geistes folgen. Sie werden bewegt durch die Kraft der Seele, daraus entsteht das lebendige Gottesfeld.

MER – LICHT – strömendes, fließendes Licht – MUTTER
KA – GEIST – kosmische Ordnung, die das Lichtfeld strukturiert – VATER
BA – KÖRPER – das sich manifestierende LICHTKIND

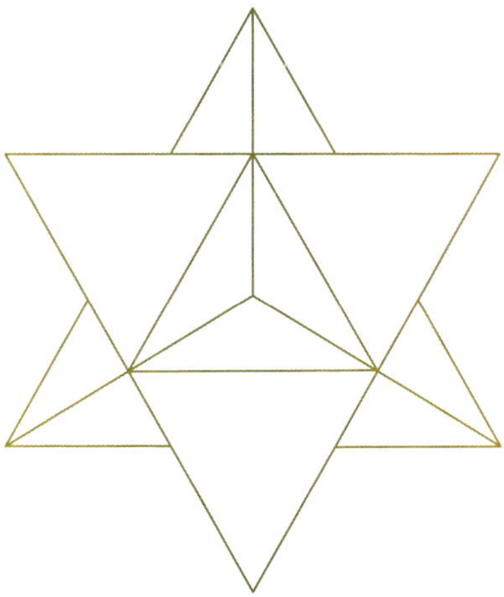

Die Merkaba ist unser Lichtkörper. Sie ist unser »Himmelsgefährt«, eine kristalline Lichtstruktur, mit der wir in andere Ebenen und Dimensionen reisen, wandeln und ganz neue Erfahrungen des Seins machen können. Unser Energiefeld ist von einem lichtvollen rotierenden Energiefeld durchdrungen und umgeben. Die gegenläufigen Spiralen, die sich aus der Drehbewegung der Merkaba ergeben, finden sich in der gesamten Schöpfung. Die Merkaba aktiviert unser Höheres Selbst und gleicht uns mit höheren Ebenen und unserem Seelenplan ab. Es ist wichtig, dass wir die Bestimmung unserer Seele leben und dass wir das in die Welt bringen können, was die Seele sich für diese Inkarnation vorgenommen hat. Unser Potenzial ist in unseren Genen, den Urzellen gespeichert. In den ersten Zellteilungen, den ersten acht Urzellen, bildet sich die Merkaba. Mit unserer Zeugung und den anschließenden Zellteilungen durchlaufen wir die gesamte Heilige Geometrie und kommen durch dieses Lichtfeld ins Leben. Hier sind unser Lebensplan und unser Daseinszweck gespeichert. Indem wir unser Lichtfeld aktivieren, aktivieren wir unser Potenzial und bringen uns in Balance mit dem Einheitsfeld.

Ich empfehle dir, dich eingehend mit diesem Lichtfeld zu beschäftigen, da es uns vollkommen ausrichtet und die Polarität in die Einheit erhebt.

Persönliche Anmerkung zum heiligen Lichtfeld:
Der Energiefluss zwischen den Strukturen geschieht aus dem fließenden ungeformten Licht, das die heilige geometrische Form in ihrer Bewegung in einen Bewusstseinsprozess und in das heilige Feld zurückträgt. Dies kann in der Heiligen Geometrie durch die Kugel (Mutter der platonischen Körper) oder das Ikosaeder (Element Wasser) geschehen.

Das innere Selbst ist ein nicht handelnder, stiller, ruhiger, beobachtender Kern. Nichts muss im Außen gesucht werden. Alles ist vorhanden. Alles ist möglich. Alles kommt zurück. Alles wird geteilt. Alles geschieht zu seiner Zeit. Je mehr du dich auf das Selbst ausrichtest, desto mehr wirst du geführt in dem heiligen bewussten Raum der Einheit, in dem alles in einer ewig fließenden Bewegung ist.

Voraussetzungen für das Heilen mit Heiliger Geometrie – das Lichtfeld im Menschen

Lichtfeldarbeit beginnt in mir: Das erste Lichtfeld, das ich ausrichte, ist dasjenige, das mich durchdringt und umgibt.

Unser Körper ist ein perfekt ausgerichtetes geometrisches Lichtfeld. Wir haben einen festen Körper, der viele Körper in sich birgt, mit feinstofflichen Lichtsystemen und anderen Lichtkörpern verbunden ist und mit jedem Atemzug von einem ewigen, feinstofflichen Lebensstrom versorgt wird.

Da wir die Brücke und das Band zwischen Himmel und Erde sind und die Kräfte der Schöpfung mit jedem Gedanken, jedem Wort und jeder Handlung lenken, ist es wichtig, dass wir uns zuerst selbst ausrichten, aufladen und verbinden, bevor wir beginnen, mit der Heiligen Geometrie zu wirken. Je intensiver wir verbunden sind, je mehr Kraft wir bündeln können, desto deutlicher erfahren wir die Arbeit mit dem Lichtfeld.

Die fünfte Kammer des Herzens – der Sitz der Göttlichkeit in uns

Gott in mir ist die offene Tür,
die kein Mensch zuschlagen kann.
Gott in mir ist das Licht,
das jeden erleuchtet, der in diese Welt kommt.
Gott in mir ist der Weg, die Wahrheit, das Leben,
die Auferstehung, der Aufstieg in das Licht.
Gott in mir führt und leitet mich jetzt.

Dr. Otoman Zar Adusht Hanish, ein amerikanischer Arzt, machte 1920 seine Entdeckung über das göttliche Atom bekannt. Im hinteren Teil der vierten Herzkammer habe er eine fünfte Kammer entdeckt, in der sich wiederum das göttliche Atom befinde. Diese Kammer sei eine luftleere Zelle, sie enthalte ein vollkommenes Vakuum. Die unter dem Mikroskop erhaltenen Bilder vergrößerte er um ein Millionenfaches und machte so das göttliche Atom sichtbar. Es sah aus wie das Dodekaeder, der heiligste aller platonischen Körper. Es zeigte sich immer als eine erwachsene, geschlechtslose, menschliche Gestalt in vollkommener Jugendlichkeit – egal, ob sie in einer alten Person oder in einem neugeborenen Menschenkind betrachtet wurde. Im Herzen eines jeden Menschen befindet sich das vollkommene Ebenbild des Schöpfers.

Die fünfte Herzkammer ist der Sitz deiner Göttlichkeit. Von hier aus ist sie über das Kronenzentrum dauerhaft mit der Urquelle selbst verbunden. Manchmal spüren Menschen diesen Ort, wenn sie tiefe und vor allem echte Liebe für einen Menschen oder ein anderes Wesen empfinden. Dann weitet sich diese Stelle, und es entsteht ein sehr warmes, auch körperlich spürbares warmes Gefühl, das sich ausdehnt und dabei das Herzzentrum erweitert. Diese fünfte Kammer im Herzen ist unser Tor zur Göttlichkeit.

Unser Herzfeld ist in einer perfekten Geometrie aufgebaut. Es liegt im Goldenen Schnitt in unserem Brustraum. Zwei Drittel des Herzmuskels befinden sich auf der linken Körperseite, ein Drittel auf der rechten. Die fünfte Kammer, der göttliche Funken, der Lebensimpuls, befindet sich genau in der Mitte.

Wenn ein Mensch stirbt, wird dieser Bereich leer und kalt und kann den Körper nicht mehr aus der Quelle durchfluten. Licht geht ins Licht ein, die Elemente kehren zurück in ihre Reiche.

Wir können nichts mitnehmen aus dieser Welt, außer der Liebe, die wir gelebt und erfahren haben.

ÜBUNG:
Kontakt mit der fünften Kammer des Herzens aufnehmen

Schließe deine Augen, und entspanne dich. Atme ein paar Mal tief ein und aus. Spüre die linke Seite deines Herzens, die rechte Seite deines Herzens und den Punkt in der Mitte – die fünfte Kammer, die ewige Flamme. Stelle dir das ewige Licht im Zentrum der fünften Kammer deines Herzens vor. Gespeist aus dem Herzen von Vater-Mutter-Gott, aus der Kraft des Einen. Wie groß ist das Licht? Wie weit dehnt es sich aus? Wie fühlt sich die Flamme an?

Fühle und visualisiere, wie diese Flamme in dir immer größer wird, wie sie in dir wächst. Mit jedem Atemzug wird sie größer, bis du ganz von ihr ausgefüllt wirst. Sie erfüllt, transformiert und reinigt alles in deinem physischen Körper.

Sie erfüllt deinen Emotionalkörper und transformiert und reinigt alle alten Gefühlsschichten und Muster.

Die Energie fließt wieder funkelnd, strahlend, leuchtend und hell. Sie erfüllt nun deinen energetischen Körper. Hier sind all die Bindungen und Verträge, die Bänder und Fesseln gespeichert. Stelle dir vor, wie das Licht nun all diese alten Verträge und Fesseln auflöst – und wie du immer freier wirst. Fühle, wie sich deine Energie befreit.

Die Flamme erfüllt als Nächstes deinen Geist. Hier sind alle Glaubenssätze und Muster gespeichert. Alles, was dir nicht mehr dient, wird in diesem ewigen Licht gewandelt und erlöst. Glaubenssätze, alte Muster, Seelenkleider, die dir viel zu eng geworden sind. Du fühlst, wie dein Geist frei und klar wird, wie er sich aufschwingt und tanzt.

Nun dehnt sich das ewige Licht weiter in deinen spirituellen Körper aus. Hier nimmst du die Farben wahr, die dir jetzt guttun und die dich befreien.

Komme nun zurück in die Gegenwart, öffne deine Augen. Alles wohnt bereits in dir.

Lasse die Flamme jeden Tag in dir scheinen. Wenn es dir einmal nicht besonders gut geht oder du Probleme hast, dann erinnere dich daran, wie das Licht in dir leuchtet. Konzentriere dich mehrmals am Tag auf die fünfte Kammer in deinem Herzen, und lasse zu, dass das Licht sich ausdehnt, funkelt, leuchtet und strahlt, dich erfüllt und einhüllt.

Vor der Lichtfeldarbeit bauen wir mithilfe der Heiligen Geometrie den perfekten Herzraum auf. Wenn wir mit ihr arbeiten, ergibt er sich wie von allein.

Wahre Kraft kommt aus dem Herzen.

Der innere Raum, die fünfte Kammer des Herzens, hat die Form eines Dodekaeders. Beim Betreten dieses Raumes kommen wir mit dem Selbst, dem Urlicht in uns, in Verbindung. Wir haben ein menschliches, ein seelisches und ein geistiges Maß. Unser wahres geistiges Wesen ist still, ruhig, allverbunden und dreimal so groß wie unser physisches Maß.

Die Form des Dodekaeders findet sich in allen Nerven und Neuronen wieder, im gesamten Lichtsystem und soll dem Grundaufbau unseres Universums entsprechen. Das Dodekaeder ist mit dem Urlicht, dem Schöpfungslicht, verbunden und sorgt für den Energiefluss, der uns mit der Quelle, aus der wir stammen und in die wir zurückkehren, verbindet.

Im Herzfeld kommen Feuer und Wasser zusammen und erzeugen miteinander die Energie des Lebens. Die Grundeigenschaften von Feuer sind Hitze und Expansion – elektrisches Fluid. Die Grundeigenschaften von Wasser sind Kälte und Kontraktion – magnetisches Fluid. Beide Kräfte sind ihrem Wesen nach zweipolig, d. h. sie können Energie auf- und abbauen. Das Herz, der Ort, an dem Feuer und Wasser zusammenwirken, ist der »Motor«, der den lebendigen Puls der Schöpfung erzeugt.

Die elektromagnetische Lichtsubstanz – das Feld des ewigen Lebens

Die Harmonie, das Zusammenspiel und der Einklang zwischen den heiligen Formen entstehen durch die Drehung und Dynamik, die in der Bewegung aus dem göttlichen Wesenskern geschieht. Versuche nicht, es verstehen oder ordnen zu wollen, sondern fühle, was nährt, was bewegt, was trägt, was in dir Einheit erschafft.

Die Basis allen Seins, die Grundlage allen Lebens ist die Kugel, die Mutter der platonischen Körper, die die Blume des Lebens bereits in sich trägt. In ihr organisiert und formt sich die Struktur in dem Augenblick, in dem Licht, Geist, hineinströmt. Da die Kugel bereits alles von Anbeginn in sich vereint, kann sie alles durch Bewegung und Energiefluss in die Einheit zurücktragen. Sie enthält die gesamte Lichtsprache des Universums. Die Heilige Geometrie ist die Lichtsprache eines lebendigen, liebenden Universums.

Die Blume des Lebens ist eine Kugel, in der unendlich viele Kugeln schwingen. Sie kann eins und gleichzeitig alles sein. Auch Atome sind Kugeln. Als diese können sie sich in jede Richtung und in alles hinein- und herausbewegen und sich in Formen organisieren. Meditiere einen kurzen Moment lang über die Kugel, die Mutter der platonischen Körper.

Wir denken, wir seien materielle Wesen, dabei sind wir ein ewig schwingender Lebensstrom aus elektromagnetischer Substanz, der die Form sofort verändert, wenn die Seele sich zurückzieht. Wenn Magnetismus und elektromagnetische Lichtsubstanz zusammenkommen, entsteht ein lebendiger Lichtstrom, der in der Einheit bleibt, wenn er liebt, und in die Heiligkeit zurückkehrt, wenn er sich für die Liebe öffnet. Das fließende Licht kann unser ständiger Begleiter sein, wenn wir es wollen, da die Heilige Geometrie aus diesem Lichtfluss hervorgeht!

Alles schwingt. Alles ist in ständiger Bewegung.

Die Materie ist aus schwingenden Atomen aufgebaut. Der Atomkern besteht aus positiv geladenen Protonen und elektrisch neutralen Neutronen. Die Atomhülle besteht aus negativ geladenen Elektronen. Protonen, Elektronen und Neutronen bestehen zu 99,99 % aus Nichts. Aus der Quantenphysik wissen wir heute, dass sich Elektronen in Wahrscheinlichkeitsräumen befinden und sich nur, wenn sie beobachtet werden, in einer vorhersagbaren Bahn bewegen. Auch Quarks erscheinen nur für Sekundenbruchteile. Wo sind sie, wenn sie nicht hier sind?

Unser Universum besteht aus unzähligen Möglichkeiten, die erst durch die Aufmerksamkeit des Beobachters zur erfahrbaren Wirklichkeit werden. Alles im Universum ist von einer reinen, fein schwingenden, fließenden Lichtsubstanz durchströmt. Sie wird auch »akasischer Äther« genannt. Wasserstoff ist der Träger der fließenden Lichtsubstanz. Diese Lebensströme aus der Quelle des Lichtes fließen wie Perlenschnüre aus Billiarden aneinandergereihter Kügelchen aus dem göttlichen, ewigen, in der Einheit schwingenden Licht in alle Geometriefelder – mit jedem Atemzug und jeder Bewegung.

Elektronen bilden den Körper der Einheit. Sie sind intelligentes, reines, universelles Licht, das mit Lichtgeschwindigkeit auf die schöpferischen Kräfte im Menschen antwortet. Elektronen schwingen in hoher Geschwindigkeit in einem geometrischen Muster um einen zentralen Kern.

Atome, die in der gleichen Frequenz schwingen, können Substanzen bilden. Allen materiellen Formen liegt die gleiche universelle Substanz zugrunde. Alle Elektronen befinden sich in einer ununterbrochenen, schwingenden und kreisenden Bewegung in der Urform der Kugel.

Jedes Elektron hat einen Flammpunkt, aus dem sich das Kraftfeld, das Schwingungsfeld oder die Aura eines Elektrons bildet. Über diesen lebendigen Kern können wir jede Struktur in Schönheit, Harmonie und Kraft wandeln oder umgekehrt. Im Inneren des Elektrons befindet sich der Entwurf des Lebens. In jedem Elektron und in jedem Tropfen Blut ist der Entwurf der Vollkommenheit gespeichert.

Mich berührt es jedes Mal, darüber zu meditieren oder nachzudenken. Nimm dir einen Augenblick Zeit, und lasse das zuvor Gesagte auf dich wirken. Mache dir bewusst, dass alles schwingt ... alles, alles, alles.

Trotz der gleichen ihr zugrunde liegenden geometrischen Form ist jede lebendige Schöpfung individuell. Kein Blatt, kein Stein, kein Mensch gleicht dem anderen, obwohl doch alles aus derselben Substanz geschaffen ist. So ist doch jeder Lebensstrom einzigartig und kann sich verschiedener Qualitäten erfreuen.

Liebe ist die anziehende, fließende Kraft zwischen den Elektronen, der universelle Klebstoff der Einheit und Verbundenheit, der alles wieder an der lebendigen Urmatrix ausrichtet. Liebe ist die Intelligenz, die die Elektronen in Form bringt, und die Kraft, die alles sich um einen Kern drehen und wirbeln lässt.

Der Zentralkern und die sich darum drehenden Elektronen bilden ein Atom. Ein Atom ist eine lebendige, atmende Wesenheit, eine selbstbewusste Intelligenz, die in der Lage ist, sich durch ihre Ausrichtung zu manifestieren.

Das Universum spricht unaufhörlich über die fließende Sprache des Lichtes und der Liebe mit uns. Die platonischen Körper sind die Grundlage dieser Lichtsprache, deren Wirkung wir durch Meditation und Einfühlen erfahren können.

Stelle dir eine Struktur vor, die genährt wird aus der ewig strömenden Lichtsubstanz und in ihren reinsten und höchsten Qualitäten erstrahlt, dann bist du Teil der Felder der Heiligen Geometrie.

Diese von Licht durchströmte Struktur leuchtet und schwingt in dem Feld des Einen und kann sich immer wieder aufladen, erneuern und ausrichten. Wird nun die Schwingung reduziert, der nährende Energiefluss unterbrochen und die Bewegung verlangsamt, dann reduziert sich das Wahrnehmungsfeld, und du kannst dich nur noch in einem begrenzten Raum auf vorgegebene Weise bewegen.

Wenn du diesen Lichtfluss wieder erhöhst, indem du dich erinnerst, verbindest und darauf ausrichtest, dann können harte Strukturen von diesem Lichtstrom, der durch die Liebe erzeugt wird, erwärmt werden und sich wieder öffnen – heilsame Lichtstrahlen werden freigesetzt. Felder werden dann wieder durchströmt und aus diesem lebendigen, alldurchdringenden, intelligenten Einheitsfeld genährt. Sie bewegen sich von allein zurück in die höchste Ordnung, da sie das Wissen darum in sich tragen.

Das Agnihotra und ebenso Schamanen, Heiler und die Naturmedizin ganz allgemein wirken in diesen feinstofflichen Bereichen, um die Blockaden im Lichtfeld zu lösen, gebundene Energie wieder in den Fluss zu bringen, die Energie zu befreien, zu verbinden und neu auszurichten, damit das reine Prana, die Lichtsubstanz, die Lebensenergie, einströmen kann, das die Formen erwärmt und wieder in ihr lebendiges vollkommenes Sein zurückträgt. Der lebendige Geist prägt die materielle Form.

Heilung ist fließende Lebensenergie.

Im Folgenden findest du eine Übung, durch die du dich mit der elektronischen Lichtsubstanz, dem Strom des Universums, verbinden kannst.

ÜBUNG:
Glückseligkeit – der ununterbrochene Strom der Elektronen

Nimm eine Haltung ein, die dir angenehm ist, und in der dich der Strom des Universums durchfließen kann. Atme drei bis vier Mal zum Kronenzentrum ein und in dein Herz aus. Durch Aufmerksamkeit verdichtest du die Energie. Versetze dich in einen Zustand von Liebe, Mitgefühl und Weisheit. Lasse deinen Geist in Ruhe und Frieden sein.

Konzentriere dich auf die elektronische Lichtsubstanz, die über eine feinstoffliche silberne Schnur ununterbrochen durch dein Kronenzentrum einströmt und durch die fünfte Kammer deines Herzens das Licht in dir verstärkt. Dieses strahlende, kristalline Licht pulsiert durch deine Nervenbahnen, die Wirbelsäule, das Blut und kreist im gesamten Lichtsystem.

Nimm für einige Zeit diese reine elektronische Lichtsubstanz wahr, wie sie in dich herein- und wieder aus dir hinausströmt. Vielleicht kannst du auch die ewig schwingenden Atome und Elektronen, den Fluss der Energie in dir spüren. Mit dem Einatmen nimmst du Lichtsubstanz auf, und mit dem Ausatmen verteilst du diese Lichtsubstanz in deinem Sein. Spüre, wie sich dein Lichtfeld aufbaut, deine Aura reinigt und du in deine geistige Größe erwachst.

Schaue nun mit den Augen geistig nach innen und oben, und bemerke die Lichtschnur, die dich mit deinem Höheren Selbst verbindet. Dein Höheres Selbst hüllt dich immer mehr in Licht, das in den Farben und Frequenzen erscheint, die dir jetzt guttun.

Richte dich auf eine lichtvolle, reine vollkommene Vorstellung aus. Stille und Frieden breiten sich aus. Es zieht dich in eine höhere, beobachtende Perspektive. Die Quelle des Lichtes, die mit der ewigen Flamme in deinem Herzen verbunden ist, verströmt ununterbrochen winzige Elektronen, die in großer Glückseligkeit, Segnung und Liebe hervorströmen. Sie erreichen dein Energiefeld. Erfühle und beobachte dein Schwingungsfeld. Wie fühlt es sich an? Wie schwingen deine verschiedenen Körper und Schichten ineinander und miteinander? Nimm dieses Feld einfach wahr, ohne es zu bewerten. Beobachte dein Kollektivfeld, dein Ätherfeld, dein Gedankenfeld, dein Energiefeld, dein Gefühlsfeld und deinen physischen Körper.

Sieh, wie der ununterbrochene segnende Strom des Lichtes auf dein Schwingungsfeld trifft. Vielleicht werden die Elektronen heftig bewegt, hin- und hergeschleudert, wenn sie in das Feld eintreten. Wie weit können sie in dein Feld hineinströmen? Wie tief ist deine Atmung? In welchen Feldern kann die Energie frei fließen, wo ist sie blockiert? Beobachte einfach nur, ohne zu bewerten.

Die Elektronen passen sich den verengten Formen und Hüllen an, die ihnen vorgegeben werden, und müssen so lange in dieser niedrigen Schwingungsfrequenz verharren, bis du beschließt, diese Disharmonien und Unvollkommenheiten zu reinigen. Bist du bereit, die Informationen, die in den Schwingungsräumen gespeichert und festgehalten werden, freizugeben? Bist du bereit, zu verzeihen und loszulassen?

Wenn du bereit bist, spüre, wie der Strom des Lichtes zunimmt und beginnt, dein Feld zu öffnen, zu reinigen und zu befreien. Immer heller, immer schneller. Funkelnd, strahlend, leuchtend. Atme tiefer, öffne dich für den Segen und die Gnade, die immer da sind. Fühle die Befreiung in deinem Innersten. Spüre, wie deine Form beginnt, sich an ihren ursprünglichen Feldern auszurichten. Sage Ja zu dem Licht aus der Quelle. Fühle, wie es durch dich hindurchfließt und dich durchlichtet. Wie alles Schwere abfließt, alle unvollkommenen Muster sich reinigen.

Zum Abschluss: Spüre nach. Was hat sich verändert? Richte dich immer mehr in Harmonie, Schönheit und Vollkommenheit aus. Öffne dich für die Quelle. Atme noch ein paar Mal tief durch, und komme langsam aus dem inneren in den äußeren Raum zurück. Du hast Zugang zum Strom des Lebens, der dich nährt, reinigt, ausrichtet und auflädt.

Wiederhole diese Übung, sooft es dir möglich ist.

Übungen zur Ausrichtung des persönlichen Lichtfeldes

Die Seele ist ursprünglich leicht wie eine Feder. Ist sie schwer wie Blei, haben wir uns zu viel aufgeladen. Am Ende des Lebens wird die Seele gewogen. Ist sie leicht, kann sie aufsteigen, ist sie hingegen schwer, wird sie sich wieder verkörpern. Liebe zu allem Leben führt dich zurück in das Licht deiner Seele.

»Die Seele wird im Sanskrit ›Atman‹ genannt,
was ›Glück‹ oder ›Seligkeit‹ bedeutet.
Nicht so, dass das Glück zur Seele gehört, nein –
die Seele selbst ist Glück.
Heute verwechseln wir oft Glück mit Vergnügen,
aber Vergnügen ist nur eine Illusion, ein Schatten des Glücks;
und es kann sein, dass der Mensch in dieser Illusion sein
ganzes Leben verbringt,
immer wieder Vergnügen suchend
und doch niemals Befriedigung findend.
Ein Hinduwort sagt:
Der Mensch sucht Vergnügen und findet Leid.
Jedes Vergnügen scheint Glück zu sein,
es verspricht Glück, aber es ist der Schatten des Glücks.
So, wie der Schatten einer Person nur die Form derselben
wiedergibt und nicht die Person selbst ist,
so ist auch das Vergnügen nur der Schatten
und nicht das Glück selbst.«

Hazrat Inayat Khan

Um unser Lichtfeld auszurichten, können wir, wenn wir damit vertraut sind, das Merkabafeld aufbauen, die Chakras reinigen und uns im reinen Bewusstsein ausrichten. Wir können weiter das Herzfeld öffnen und uns mit höheren Ebenen und Dimensionen abgleichen. Ho'oponopono, der hawaiianische Weg der Vergebung, ist auch eine wunderbare Möglichkeit, um sich von alten Überzeugungen, Glaubensmustern, Gefühlsfeldern zu reinigen. Im Folgenden stelle ich dir einige weitere Übungen vor, die dir helfen, dein Lichtfeld auszurichten, dich mit segensvoller Energie aufzuladen und mit den verschiedenen Ebenen und Dimensionen zu verbinden. Beginnen wir mit dem Segnen!

Segnen ist der Weg der Neuen Zeit. Bevor du etwas beginnst, lade den goldenen Regen des Segens ein, indem du dich mit den mächtigen Lichtströmen der Quelle verbindest. Alle Meister, alle Heiligen dieser Welt segnen unablässig. Der Segen ist immer da. Wir können uns jederzeit auf diese Kraft ausrichten. Mit dem universellen Strom, in den uns die folgende Übung eintauchen lässt, können wir den Segen in alle Ebenen und Dimensionen leiten.

Ein kurzes Gebet:
Wirf Licht auf meine Schatten. Danke!

ÜBUNG:
Der Segen

Lege deine Hände auf dein Herz. Öffne dein Herz für die Liebe zu allem Leben. Mache dir bewusst: »Ich bin ein geistiges Wesen, das für eine gewisse Zeit eine menschliche Erfahrung macht – und als geistiges Wesen habe ich Zugang zu allen Ebenen und Dimensionen der Schöpfung, auch zu Ebenen und Dimensionen, die mir heute noch nicht bewusst sind.«

Verbinde dich mit der Segensenergie. Hebe deine Hände mit den Handflächen nach oben, und warte, bis die Energie auf sie trifft. Es kann sein, dass du leicht ins Schwanken gerätst, dass deine Hände warm werden oder du ein Kribbeln fühlst. Jeder von uns hat andere Wahrnehmungskanäle.

Nun drehe deine Hände langsam zu dir, und lasse den Segen in dein Energiefeld strömen. Du kannst dir dabei vorstellen, dass jedes Atom, jedes Elektron aufleuchtet und schneller, freier und heller schwingt. Dann drehe deine Hände nach außen, und lasse den Segen in alles hineinströmen, womit du sichtbar und unsichtbar verbunden bist. Segne alles.

Richte deine Hände anschließend nach unten, und lasse den Segen in die Erde strömen. Du kannst deine geistigen Helfer um Unterstützung bitten und darum, dass sie das Feld bereiten.

ÜBUNG:
Im Frieden sein – im Frieden bleiben

Frieden sei mit dir!
Dein Frieden ist in mir!

Nimm dir fünf Minuten Zeit. Wähle einen Ort, an dem du für ein paar Minuten Ruhe hast. Atme tief ein und aus, und spüre, wie du mit jedem Atemzug mehr zu dir selbst kommst. Atme frische Energie ein und verbrauchte Energie aus. Atme alles, was dich belastet, aus und alles, was du in diesem Moment brauchst, ein.

Nun visualisiere die Situation, in der du dich gerade befindest, oder den Menschen, mit dem du gerade Schwierigkeiten hast. Sage zu dir selbst: »Frieden sei mit dir. Segen fließe in die Situation. Ich gebe frei und lasse fließen.«

Diese Sätze sind bereits milliardenfach in der Welt gesprochen worden und im morphogenetischen Feld gespeichert. Du verbindest dich mit einem friedvollen, heiteren Resonanzmuster, wenn du sie sprichst, und wirst sofort eine Veränderung in der Energie fühlen. Starke Gefühle beruhigen sich, Frieden kehrt ein. Dein Gehirn verknüpft in diesem Augenblick die ärgerliche Situation mit friedlichen Gefühlen.

Erlaube der positiven Kraft der Schöpfung, für dich zu wirken. Erwarte Wunder.

Wenn wir auf die Welt kommen, atmen wir ein. Wenn wir wieder gehen, atmen wir aus. Wir werden vom Rhythmus des Atems getragen. Es atmet uns. Mit jedem Atemzug strömt Prana ein. Wir können mit jedem Atemzug segnen oder allen Wesen etwas Gutes tun. Wenn wir über unser gewohntes Feld hinausgehen wollen oder Energiearbeit machen, ist es wichtig, dass wir uns vorher mit Energie aufladen und ausrichten. Dies können wir über die Atmung erreichen.

Fühle in dein Energiefeld hinein. Wo befindet sich dein Energielevel auf einer Skala von 1 bis 10, wobei 1 für niedrige Energie und 10 für 100 % Energie steht? Kannst du nur eine Zahl von 1 bis 4 nennen, ist es für dich an der Zeit, dich zurückzuziehen und dich aufzuladen.

ÜBUNG:

Aufladen über die bewusste Atmung

Übe dich im folgenden Atemrhythmus: einatmen – halten – ausatmen – halten. Dieser kann mit hoch schwingenden Gedanken verknüpft sein:

Einatmend: »ICH BIN das Einatmen …«
Haltend: »… der strahlenden Flamme des Friedens.«
Ausatmend: »Frieden und Segen …«
Haltend: »… über alle Grenzen.«

WEITERE ATEMÜBUNGEN

Diese zwei kleinen Atemübungen für Körper, Geist und Seele, führst du am besten in der Natur aus. Mit ihnen gelingt es dir leicht, in deine Mitte zu kommen und dein Energiefeld zu stabilisieren. Führe jeden einzelnen Schritt jeweils drei Mal hintereinander aus.

Lege deine Hände auf deinen Nabel, und atme drei Mal in diesen Raum hinein. Dann fahre wie folgt fort:
Atme zum Kronenzentrum ein und durch den Nabel aus.
Atme zur linken Schulter ein und durch den Nabel aus.
Atme zur rechten Schulter ein und durch den Nabel aus.
Atme zur Brustmitte ein und durch den Nabel aus.
Atme zur linken Hüfte ein und durch den Nabel aus.
Atme zur rechten Hüfte ein und durch den Nabel aus.
Atme zum Wurzelzentrum ein und durch den Nabel aus.
Atme zur linken Fußsohle ein und durch den Nabel aus.
Atme zur rechten Fußsohle ein und durch den Nabel aus.
Spüre nach!

Zur Herzöffnung kannst du drei Mal durch die linke Handfläche einatmen und zum Herzen ausatmen sowie durch die rechte Handfläche einatmen und zum Herzen ausatmen. Spüre nach!

Wiederhole diese Atmung so lange, bis du deutlich spürst, dass mehr Energie in deinem Körper vorhanden ist.

Der Urbauplan des Menschen

In diesem Abschnitt wenden wir uns dem göttlichen Plan zu, der ursprünglich für uns Menschen erdacht war. Dieser hilft uns, uns wieder zu erinnern, aufzuwachen und die schöpferischen Kräfte, die wir besitzen, auf heilsame und gute Weise anzuwenden, uns innerlich auf das Licht auszurichten, um Felder in die Heilung zu bringen sowie regenerierenden Prozessen, die durch die Lichtfeldarbeit in Gang gesetzt werden, zu vertrauen – auch wenn wir vielleicht am Anfang die Auswirkungen des in Gang gesetzten Prozesses nicht gleich wahrnehmen.

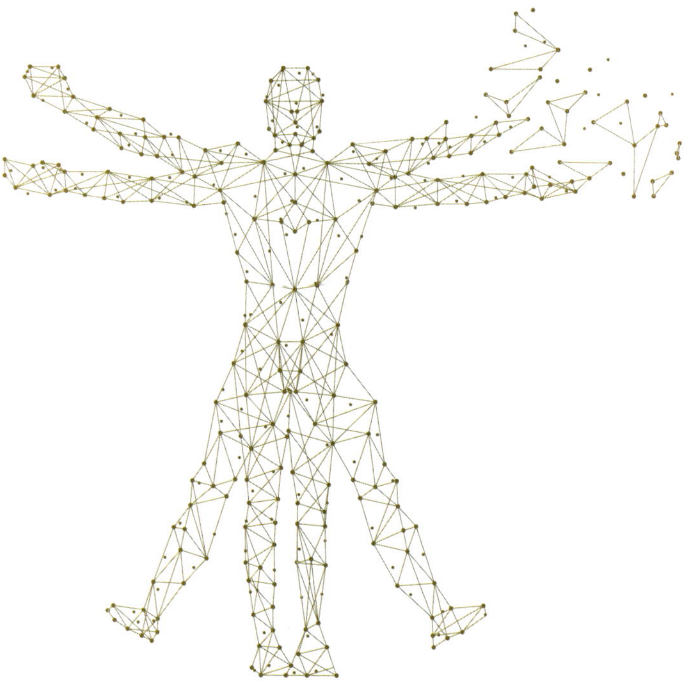

Den Urbauplan des Menschen finden wir in bestimmten Symbolen.

Das Dodekaeder – der Fünfstern

Die bekannte Zeichnung des vitruvianischen Menschen von Leonardo da Vinci enthält ihn: den Fünfstern. Zeichnet man die Umlaufbahn der Sonne und der Venus – Licht und Liebe – um die Erde nach, zeigt er sich. Sonne und Venus können auf höchsten Ebenen bedeuten, Licht und Liebe auf die Erde zu bringen. Sie erinnern uns daran, dass diese Kräfte schon da sind und dass wir nichts zu tun brauchen, als uns ihnen bewusst zu öffnen. Durch den Fünfstern können wir das Liebeslicht des Universums auf die Erde und damit Heilung und Umkehr ins Bewusstsein bringen.

Das Ankh – der Schlüssel zum ewigen Leben

Das Ankh symbolisiert das ewige Wesen in uns, das unantastbar und rein ist. Es ist der Schlüssel zu unserem wahren ewigen Sein, dem Raum, aus dem alles Leben stammt. Die Rundung des Ankhs ist der Kopf, die nach außen gehenden Seiten sind die ausgebreiteten Arme und die Beine, die eine Lichtsäule ergeben.

Der auferstandene Christus

Er ist das Urbild der Christenheit. Ursprünglich, der Kabbalah nach, war die gesamte Menschheit dazu auserkoren, die zehnte Hierarchie Gottes zu werden. Sie verlor jedoch die drei göttlichen Eigenschaften: Herrlichkeit, Unsterblichkeit, Weisheit. Der auferstandene erlöste Christus steht symbolisch für Adam Qadmon (oder Adam Kadmon), die ursprüngliche Bestimmung des Menschen, die von göttlichem Licht durchdrungen ist, um Weisheit, Herrlichkeit, Frieden und Segen in die Welt zu bringen.

Der Mensch im Lebensbaum

Der Kopf – die Krone – symbolisiert leuchtendes Bewusstsein und bildet eine Triade mit Weisheit und Intelligenz.
Die Brust – das Herz – symbolisiert Schönheit und Liebe und bildet eine Triade mit Barmherzigkeit und Gerechtigkeit (linker und rechter Arm).
Die Genitalien – das Fundament – symbolisiert die Basis und bildet eine Triade mit Festigkeit und Pracht (linkes und rechtes Bein).

Herrlichkeit, Unsterblichkeit und Weisheit finden wir, wenn wir uns nach innen wenden, um uns zu vervollkommnen.

Das Kreuz

Das Kreuz hat schon einige Wandlungen durchlaufen und repräsentiert die Urmatrix des Menschen. Es enthält den Bauplan des Hexaeders, des Elements Erde. Im Hexaeder wiederum ist alles enthalten, was wir brauchen, um uns auf der Erde zu verwirklichen.

All diese Ursymbole weisen darauf hin, dass der Mensch zum Segen und Wohle der gesamten Schöpfung gedacht war, da er die vollkommenen Kräfte bewusst durch Gedanken, Worte, Taten, Vorstellungen, Gefühle und Bewegungen erschaffen und somit alles erheben kann.

Alle anderen Lebensströme (Steine, Pflanzen, Tiere) sind Teil des liebenden Feldes und der Einheit des Seins. Auch sie werden ununterbrochen von Licht durchströmt. Doch sie können sich nicht wie der Mensch durch den Geist aus dem Feld trennen, um Bewusstsein zu erfahren. Sie sind immer Teil des Feldes.

Nur durch die Liebe können wir uns wieder in die Einheit bewegen und Erlösung, Frieden, Ganzheit und Heilung erfahren. Nur durch die Einheit können wir das Paradies, das hinter allem seine Fäden webt, erkennen und hier auf unserer Erde wieder errichten. Alle großen Meister sind in diese Einheit zurückgekehrt, um aus ihr zu wirken und uns in das, was wir sind, zu erheben: Wir sind Licht von Licht.

Im hawaiianischen Schamanismus* gibt es sieben Elemente: Luft, Feuer, Wasser, Erde, Tiere, Pflanzen und das Menschsein. Als ewiges Licht sind wir im Menschsein ein Element, das bestimmte Kräfte und Eigenschaften besitzt, um die Welt zu gestalten und umzugestalten. Im Einklang mit dem Höchsten werden wir alles in die göttliche Ordnung zurückverwandeln können.

Damit du dir der Qualitäten des Menschseins, d. h. der gestalterischen Kräfte, die du mit jedem Gedanken, jedem Gefühl und jeder Bewegung anwendest, bewusst wirst, hier eine kleine Einstimmung in unser schöpferisches Potenzial, das uns bei der Lichtfeldarbeit enorm unterstützt.

* HUNA, das verborgene Geheime, die alte Lebensphilosophie aus Hawaii, hat das Ziel, die Einheit, die Harmonie und Heiligkeit in jedem Einzelnen und in der Welt sowie den Einklang mit der Natur wiederherzustellen.

MEDITATION:
Das siebte Element – der Mensch

Entspanne dich, und schließe deine Augen. Sammle Energie, indem du die Pico-Pico-Atmung durchführst: Atme drei Mal durch das Kronenzentrum ein und durch den Bauchnabel aus.

Lasse deinen Geist aus deinem denkenden Verstand durch den Hals in den Raum deines Herzens hineinsinken. Begib dich noch tiefer an den geistigen Ort in deinem Inneren.

Öffne deine inneren Sinne. Lausche, berühre, fühle, betrachte, rieche, schmecke. Nimm diesen inneren Ort wahr.

Verwandle dich in einen Meister, eine Meisterin des Lichtes, liebevoll, kraftvoll, immer daran interessiert, noch bessere Methoden zu entwickeln, um zu helfen und zu heilen. Spüre deine wahre geistige Größe, deine Kraft, deine Energie, deine Fähigkeiten ganz genau. Lasse dir Zeit, und richte dich vollkommen aus. In diesem Bewusstseinszustand wandelst du an dem inneren Ort auf einem Weg, der dich in das Reich des Menschseins führt. Dieses Reich ist kunstvoll, architektonisch abstrakt gestaltet, denn das Reich der Menschen ist für alle Kunst und Ästhetik zuständig. Auf diesem Weg werden dir die Erfahrungen, Erlebnisse und Eigenschaften bewusst, die der Mensch besitzt. In diesem Reich ist alles möglich. Dinge werden geschaffen und umgestaltet, Energien werden gebündelt und aufgebaut.

Betrachte alles von Menschen Geschaffene, alle Glaubenssätze, Hintergründe und die Visionen, die zu einer Gestaltung geführt haben. Lasse dich von den Meistern und

Meisterinnen des Lichtes führen. Du kannst Fragen stellen, dir etwas zeigen lassen, dich einweihen lassen. Nimm dir Zeit, um das Menschsein, das siebte Element, zu ergründen.

Beachte auch das Zusammenspiel zwischen dem lebendigen Einheitsfeld und dem künstlichen schöpferischen Feld der Menschheit. Danach kehre in deiner Zeit in deine Mitte zurück.

Spüre bewusst den inneren Raum der Energie und den äußeren Raum der Form, die grenzenlose freie Energie in einer begrenzten Form, in der du für eine gewisse Zeit eine menschliche Erfahrung machst, und atme dich von innen in den äußeren Raum zurück.

Schreibe deine Erfahrungen auf.

Der Lichtkanal

Bevor wir mit der Heil- und Lichtarbeit beginnen, ist es wichtig, den Lichtkanal zu öffnen und ganz aus dem Wollen in das Sein zu kommen: Wir aktivieren zuerst die Drüsen in unserem Körper und damit den Lichtkanal (siehe S. 113). Dann betreten wir den heiligen Raum in unserem Herzen, um ihn für die Liebe zu allem Leben zu öffnen. Wir bauen das Torusfeld auf, um es mit größeren Feldern und Dimensionen abzugleichen (siehe S. 121). Zuletzt aktivieren wir die goldene Lichtsäule und können dann mit der Heil- und Lichtarbeit beginnen (siehe S. 125).

VORÜBUNG

Diese Übung dient dazu, einen Zustand der Ekstase zu erzeugen und bewusst in Frieden und Glück zu verweilen. Die Übung kann mit geschlossenen oder geöffneten Augen durchgeführt werden.

Frage dich:
»Was ist meine Vision? Mein höchstes Ideal?«

Suche dir einen Punkt an der Wand, am besten oberhalb deiner Augen, und beobachte, wie sich deine innere Vision dort sammelt. Bewege deine Augen keinesfalls so weit nach oben, dass sich das Feld deiner Visionen verschiebt oder auflöst.

Loslassen:
Sobald du deinen Blick auf diesem Punkt vor dir locker ruhen lassen kannst, lasse deine Gedanken einfach los, schalte deinen Verstand aus, und fokussiere all deine Aufmerksamkeit auf diesen Punkt.

Sich ausdehnen:
Beobachte, wie deine Vision sich innerhalb kürzester Zeit ausdehnt, und beginne, das Periphere deiner Vision wahrzunehmen. Richte nun all deine Aufmerksamkeit auf die Peripherie.

Verharre in diesem Zustand, solange du ihn halten kannst. Wie fühlt es sich an?

Je länger du mit dieser Übung fortfährst, desto mehr wird sich ein Zustand der Ekstase bei dir einstellen.

Drüsenaktivierung

Unsere Hormondrüsen steuern das gesamte Lichtsystem unseres Körpers über die Hormone. In der Öffnung hin zum und Ausrichtung am Feld der Einheit spüren wir den Wechsel vom Ego zum Selbst und verbinden uns mit den höchsten Ebenen des Lichtes.

In lemurischen Zeiten* soll die Zirbeldrüse oder Epiphyse nach oben gerichtet gewesen sein mit dem Zweck, das Licht direkt aus der Quelle, der Sonne zu empfangen und das gesamte System durchströmen zu lassen. Sie ist beweglich und kann in mehreren Winkeln und auf verschiedene Weise ausgerichtet werden. So kann sie in der Meditation mit der Hypophyse vorne und dem Thalamus hinten eine Lichtlinie bilden und im Gehirn feinstoffliche Bereiche aktivieren.

Der Thalamus ist dann in der Lage, Bilder und die Sprache des Lichtes aus dem intelligenten Feld der Schöpfung zu empfangen und zu verarbeiten. Deshalb wird der Thalamus auch »Sehhügel« genannt. Werden die Felder im Kopf vom Licht durchflutet, so bildet sich das heilige Halo (Heiligenschein), das auf Heiligenbildern zu erkennen ist. Hierin kann sich jeder in der Meditation üben. Auf diese Weise erwacht der innere Beobachter, der jene lichtvollen Impulse erkennen und die Prozesse, die angestoßen werden, erfassen kann. Das ist für die Lichtfeldarbeit sehr hilfreich.

* Die lemurische Zeit ist eine uralte Zeitepoche des Goldenen Zeitalters. Sie ist die dritte der sieben Hauptzeitalter. Sie begann vor 252,2 Millionen Jahren und endete vor etwa 66 Millionen Jahren. Falls dich das Thema interessiert, findest du viele weitere Informationen und bewegende Übungen in meinem Buch: Jeanne Ruland & Matthias Scheffler: Lemuria – Rückkehr in das Paradies – Erinnerungen der Seele (Schirner Verlag, 2018).

Im Folgenden habe ich dir eine kurze Übung zur Drüsenaktivierung zusammengestellt. Du kannst dir die Lage der Drüsen vorher anschauen oder sie in dir erspüren. Ich nenne sie hier aber auch kurz. Deine Seele fühlt die Lage, die Ausrichtung, die Strahlkraft und die Energie, die durch die Meditation geschieht. Ich persönlich bevorzuge es, die Drüsen durch Fühlen in mir zu erspüren.

ÜBUNG:
Drüsenaktivierung

Thalamus – Tor zum Bewusstsein:
Der Thalamus liegt in der Mitte des Zwischenhirns. Sein Name bedeutet »Kammer« oder »Schlafgemach«. Er ist der Filter, der bestimmt, welche Erfahrungen wir in dem Bewusstseinsfeld machen. Er filtert und sortiert und entscheidet, was weitergegeben wird und was nicht. Er wird auch »das Tor zum Bewusstsein« genannt.

Konzentriere dich auf den Thalamus – das Tor zum Bewusstsein. Atme dorthin. Wie fühlt es sich an? Spüre die Lage, die Energie, das Feld. Gib die Anweisung: »360° ausrichten! Nach oben öffnen! Verbinden! Ausrichten an der göttlichen Matrix!« Verweile – atme mindestens drei Mal dorthin, und spüre die 360°-Ausdehnung um deinen Kopf. Versuche, die Energie an allen Seiten deines Kopfes wahrzunehmen.

Zirbeldrüse:
Die Zirbeldrüse oder Epiphyse liegt im Zentrum des Gehirns. Sie wird das »Dritte Auge« genannt, ist dem sechsten Chakra zugeordnet und verbunden mit der Wahrnehmung von nicht-physischer Realität und spiritueller Weisheit. Sie steuert unsere innere Uhr, reguliert den Schlaf-wach-Rhythmus und ist für die physischen und psychischen Reifungsprozesse zuständig sowie für Gefühlszustände wie Entspannung, Glück, Euphorie und Wohlbefinden. Sie erhöht unsere Intuition, öffnet die inneren Sinne und hilft uns, feinstoffliche Fähigkeiten zu entwickeln.

Konzentriere dich auf deine Zirbeldrüse. Atme dorthin. Wie fühlt sie sich an? Spüre ihre Lage, die Energie, das Feld. Gib die Anweisung: »360° ausrichten! Nach oben öffnen! Verbinden! Ausrichten an der göttlichen Matrix!« Verweile – atme mindestens drei Mal dorthin, und spüre die 360°-Ausdehnung um deinen Kopf. Versuche, die Energie an allen Seiten wahrzunehmen.

Hypothalamus:
Der Hypothalamus liegt im Zwischenhirn und ist die Schaltzentrale und das Regulierungszentrum der verschiedenen Vorgänge in der Wahrnehmung.

Konzentriere dich auf deinen Hypothalamus. Atme dorthin. Wie fühlt er sich an? Spüre seine Lage, die Energie, das Feld. Gib die Anweisung: »360° ausrichten! Nach oben öffnen! Verbinden! Ausrichten an der göttlichen Matrix!« Verweile – atme mindestens drei Mal dorthin, und spüre die 360°-Ausdehnung um deinen Kopf. Versuche, die Energie an allen Seiten wahrzunehmen.

Hypophyse:
Die Hypophyse liegt im sogenannten »Türkensattel«, einer knöchernen Vertiefung der mittleren Schädelgrube auf Höhe der Nase. Sie ist eine Hormondrüse und spielt eine zentrale Rolle bei der Regulation des Hormonsystems. Sie beeinflusst Vorgänge wie Fortpflanzung, Wachstum und den Stoffwechsel. Geistig werden hier die Erfahrungen gesteuert, die wir im Leben machen werden.

Konzentriere dich auf deine Hypophyse, weiter hinten im Kopf. Atme in diesen Bereich hinein. Wie fühlt er sich an? Spüre seine Lage, die Energie, das Feld. Gib die Anweisung: »360° ausrichten! Nach oben öffnen! Verbinden! Ausrichten an der göttlichen Matrix!« Verweile – atme mindestens drei Mal in diesen Bereich, und spüre die 360°-Ausdehnung. Versuche nun, die Energie und Ausstrahlung wahrzunehmen.

Schilddrüse:
Die Schilddrüse ist eine Hormondrüse, die sich unterhalb des Kehlkopfes und vor der Luftröhre befindet. Sie hat die Form eines Schmetterlings und bildet und speichert Jod und jodhaltige Hormone. Zu ihren Hauptfunktionen gehören der Energiestoffwechsel, das Wachstum der Zellen und des Gesamtorganismus sowie der Knochenbau. Geistig ist sie das Zentrum der Telepathie, der Schwingung und Verbundenheit.

Konzentriere dich auf deine Schilddrüse und die Nebenschilddrüsen im Hals. Atme in diesen Bereich hinein, nimm diese Drüsen wahr. Wie fühlen sie sich an? Spüre die Lage, die Energie, das Feld. Gib ihnen die Anweisung: »360° ausrichten! Nach oben öffnen! Verbinden! Ausrichten an der göttlichen Matrix!« Verweile – atme mindestens drei Mal in diesen Bereich hinein. Spüre die 360°-Ausdehnung. Versuche nun, die Energie und Ausstrahlung wahrzunehmen.

Pause:
Mache hier eine kurze Pause, und spüre nach. Die Bereiche der Drüsen, die schon angesprochen wurden, dürften sich leicht und hell anfühlen, während der Rest des Körpers eher dunkel wirkt.

Thymusdrüse:
Die Thymusdrüse liegt hinter dem Brustbein. Zu ihren Hauptaufgaben gehören die Steuerung von Lebensenergie sowie des Energiehaushalts, die Immunabwehr, das Körperwachstum und der Knochenstoffwechsel.

Konzentriere dich auf deine Thymusdrüse. Atme in diesen Bereich hinein. Wie fühlt er sich an? Spüre die Lage, die Energie, das Feld. Gib die Anweisung: »360° ausrichten! Nach oben öffnen! Verbinden! Ausrichten an der göttlichen Matrix!« Verweile – atme mindestens drei Mal in diesen Bereich hinein. Spüre die 360°-Ausdehnung, und versuche, die Energie und Ausstrahlung wahrzunehmen. Geistig ist das das Feld unserer Aura.

Bauchspeicheldrüse:
Die Bauchspeicheldrüse ist ein quer im Oberbauch liegendes Drüsenorgan. Sie ist für die Regulation des Blutzuckerspiegels sowie von Verdauungsprozessen verantwortlich. Auf geistiger Ebene bringt sie uns dazu, raus aus dem Funktionieren zu gehen und stattdessen hinein in die lebendige Lebensenergie, Freude und Kraft.

Konzentriere dich auf deine Bauchspeicheldrüse. Atme dorthin, nimm sie wahr. Wie fühlt sie sich an? Kraftvoll, schlapp …? Gib die Anweisung: »360° ausrichten! Nach oben öffnen! Verbinden! Ausrichten an der göttlichen Matrix!« Verweile – atme mindestens drei Mal in diesen Bereich hinein. Spüre die 360°-Ausdehnung, und versuche, die Energie und Ausstrahlung wahrzunehmen.

Pause:
Mache auch hier wieder eine kurze Pause, und spüre nach. Die Bereiche der Drüsen, die schon angesprochen wurden, dürften sich leicht und hell anfühlen, während der Rest des Körpers eher dunkel wirkt.

Nebennieren:
Die Nebennieren befinden sich beim Menschen auf den oberen Enden beider Nieren. Sie gehören dem hormonellen Regelkreislauf und dem vegetativen Nervensystem an. Auf geistiger Ebene bringen sie uns dazu, Stress, Angst und Anspannung loszulassen.

Konzentriere dich auf deine Nebennieren. Atme in diese Bereiche hinein, nimm sie wahr. Gibt es einen Unterschied zwischen der rechten und der linken Nebenniere? Gib beiden die Anweisung: »360° ausrichten! Nach oben öffnen! Verbinden! Ausrichten an der göttlichen Matrix!« Verweile – atme mindestens drei Mal in diesen Bereich hinein. Spüre die 360°-Ausdehnung, und versuche, die Energie und Ausstrahlung wahrzunehmen.

Keimdrüsen:
In den Keimdrüsen werden die Keimzellen und Sexualhormone für die Fortpflanzung produziert. In ihnen stecken unser Potenzial, unsere Fähigkeiten und unsere Schöpferkraft.

Konzentriere dich auf deine Keimdrüsen. Atme in diesen Bereich hinein. Wie fühlt er sich an? Spüre die Lage, die Energie, das Feld. Gib die Anweisung: »360° ausrichten! Nach oben öffnen! Verbinden! Ausrichten an der göttlichen Matrix!« Verweile – atme mindestens drei Mal in diesen Bereich hinein. Spüre die 360°-Ausdehnung. Wenn die Keimdrüsen sich öffnen, beginnt Energie in die Beine zu fließen, und du verspürst eine gute Erdung.

Atme nacheinander in alle Drüsen hinein, und spüre die Verbindung und die Energie. Spüre nach. Es dürfte sich jetzt leicht, klar und zentriert anfühlen.

Anpassung des Lichtkanals auf die Alltagsschwingung:
Nach der Heil- und Lichtarbeit sollte dieser Lichtkanal wieder auf »Alltag« umgestellt werden, da wir sonst bewusst oder unbewusst zu viel aus unserer Umwelt aufnehmen und diese Informationen eventuell nicht mehr verarbeiten können. So kannst du den Kanal wieder umstellen:

Wenn du deine energetische Arbeit beendet hast, streife mit beiden Händen vom Unterleib bis hin zum Kopf und von dort bis zum siebten Halswirbel. Tue dies drei Mal. Mit dieser Bewegung beschließt du, dein Energiesystem wieder auf Alltag einzustellen.

Das Torusfeld

Das Torusfeld ist das Herzfeld, das sich aufbaut, wenn wir uns innerlich öffnen und herzzentriert leben. Es hat die Form eines Donuts und kann sich mit den verschiedenen Ebenen des Universums abgleichen. Es zieht Lebensenergie an und verteilt diese.

In der Mitte des Torus, die unendlich klein ist, vereinen sich die Polaritäten. Dieser Punkt wird Nullpunkt genannt und ist mit der fünften Kammer unseres Herzens verbunden. Dieser Nullpunkt ist wie der Moment zwischen dem Einatmen und dem Ausatmen: Hier beginnt alles, und hierhin zieht sich alles wieder zurück.

Der Weg in dieses heilige Feld führt über die aktivierte, also nach oben sowie 360° um den Kopf ausgerichtete Zirbeldrüse und durch das Halschakra bis in das Herzchakra. Das Torusfeld erzeugt einen großen Sog nach innen. Im Zentrum, in der fünften Kammer des Herzens, finden wir völlige Stille, Weite, tiefen Frieden, Liebe, Verbundenheit und Einheit mit Gott. Es fühlt sich an wie Zu-Hause-Sein. Hier sind spirituelle Geborgenheit, unermessliche Freude und Leichtigkeit spürbar. Hier zentriert sich die Schöpferkraft.

Das Torusfeld kann sich mit anderen Torusfeldern, z. B. mit dem Feld unserer Erde, unseres Sonnensystems, unserer Galaxie, abgleichen und im Gleichklang schwingen. Wir sind demnach in der Lage, uns über unser Torusfeld mit allen Ebenen und Dimensionen der Schöpfung und mit dem Herz unseres Universums abzugleichen. Wir wirken im Einklang.

ÜBUNG:
Das Torusfeld aufbauen

Schließe deine Augen, und entspanne dich. Nimm eine Haltung ein, in der der Strom des Universums ungehindert durch dich fließen kann. Korrigiere gegebenenfalls deine Haltung. Atme ein paar Mal tief ein und aus. Atme drei Mal durch das Kronenzentrum ein und in dein Herz aus. Richte deine Aufmerksamkeit auf deine Zirbeldrüse in der Kopfmitte. Richte sie in deiner Vorstellung ganz in der Mitte nach oben aus, und öffne sie nach allen Seiten, sodass du die Öffnung und die Peripherie rund um deinen Kopf wahrnehmen kannst.

Nun lasse dich über dein Halschakra in den Raum deines Herzens hineinziehen. Betritt die fünfte Kammer deines Herzens. Atme in die Kammer hinein, und spüre die Ausdehnung durch deinen Lichtkanal nach oben und nach unten. Spüre, wie dein Torus sich um dich herum aufbaut und in sein vollkommenes Maß kommt.

Atme zum Herzen ein und nach oben aus. Spüre, wie die Energie am Torus entlang um dich herum fließt und strömt, sich an deinen Füßen sammelt, und atme sie wieder hoch in dein Herz.

Wiederhole diese Atemübung ein paar Mal. Spüre, wie die Energie zirkuliert. Spüre dein Torusfeld, nimm es auf deine Weise wahr. Nun gleiche dein Torusfeld mit dem Torusfeld der Erde ab.

Atme, und fühle einen Gleichklang.
Spüre das Torusfeld unseres Sonnensystems.
Atme, und fühle den Gleichklang.
Spüre das Torusfeld unserer Galaxie.
Atme, und fühle den Gleichklang.

Verweile mit deiner Aufmerksamkeit bei dir selbst, und spüre, wie alle Ebenen und Dimensionen sich in dir ausrichten und abgleichen. Spüre den Strom der Energie.

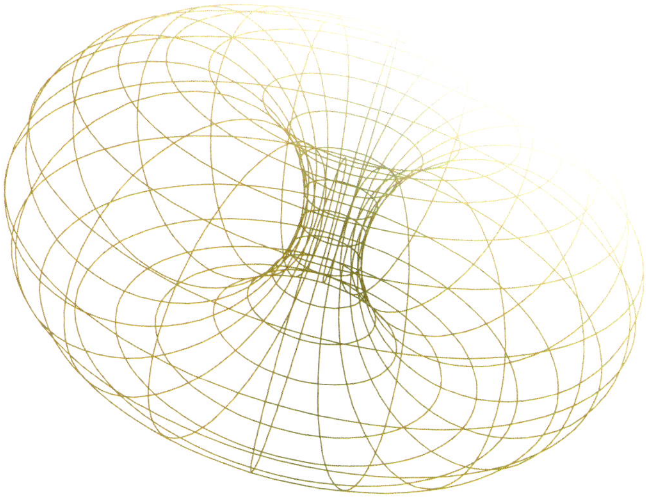

EINE WEITERE ÜBUNG, UM DAS TORUSFELD ZU AKTIVIEREN

Stelle dich aufrecht hin. Deine Arme hängen locker an deinem Körper herunter. Falte die Hände in der Gebetshaltung vor deinem Herzen. Nimm Kontakt mit der fünften Kammer in deinem Herzen auf. Komme ganz in dir an. Bewege die Hände so weit nach oben, dass sich die Handflächen oder Fingerspitzen noch berühren. Löse dann die Handflächen voneinander, und führe eine große Kreisbewegung nach unten aus, bis die Handflächen sich wieder berühren. Fahre hoch bis zum Herzen, und komme wieder in der Gebets- und Sammlungshaltung an.

Achte bei dieser Übung auch auf deine Atmung: Mit dem Einatmen öffnest du dich nach oben. Mit dem Ausatmen bewegst du die Hände nach unten. Kehre mit dem Einatmen zum Herzen in die Sammlungshaltung zurück. Mit dem nächsten Ausatmen verweile.

Versuche es noch einmal, du kannst dazu Folgendes sprechen:

»Links und Rechts, Männlich und Weiblich,
Tag und Nacht, Yin und Yang,
einatmen und ausatmen, Ruhe und Bewegung,
Ebbe und Flut kommen in mir zusammen
und verbinden sich zu einer Einheit.«

Aufbau der goldenen Lichtsäule

Mit dieser kleinen Anrufung kannst du die goldene Lichtsäule aufbauen und aktivieren. Visualisiere das Gesagte, um die Wirkung noch zu verstärken. Anschließend kannst du mit der Lichtfeldarbeit beginnen:

»Ich rufe die goldene Lichtsäule, die Himmel und Erde verbindet, in das Schwingungsfeld. Während sich diese Lichtsäule aufbaut und immer stärker leuchtet und strahlt, bitte ich mein Höheres Selbst: Bitte, öffne alle Empfangskanäle, integriere dieses Licht, verankere es, und sende es wie eine Welle aus, um Liebe, Frieden, Gesundheit und Wohlbefinden zu steigern und alle Hindernisse zu erlösen. Danke für die Ausrichtung und den Segen aus den höchsten Ebenen.«

Die folgende Übung kannst du ebenfalls vor einer Lichtfeldheilung ausführen, um dich aufzurichten, auszurichten und zu reinigen. Das Oktaeder entspricht dem Element Luft. Es hat die Gabe, Energiefelder in Windeseile zu klären und zu reinigen. Es dreht sich in Lichtgeschwindigkeit und kann sich überall in jede Größe hineinbewegen. Es ist der platonische Körper mit der schnellsten Drehgeschwindigkeit und kann uns vollkommen zentrieren, unser Energiefeld in Lichtgeschwindigkeit reinigen und uns ausrichten.

ÜBUNG:
Reinigungsübung mit dem Oktaeder

Nimm eine Haltung ein, in der du ruhig verweilen kannst (ganz gleich, ob sitzend oder stehend). Lege deine Hände für einen kurzen Moment etwas unterhalb des Nabels auf deine Körpermitte (PICO), dein Körperzentrum. Atme drei Mal dorthin ein und aus. Nun atme drei Mal durch das Kronenzentrum ein und zum Nabel hin aus. Spüre, wie du dich aufrichtest und immer mehr zu dir selbst kommst. Öffne dein Herz für die Liebe zu allem Leben, atme in dein Herz, und spüre, wie es sich öffnet. Richte nun deine Aufmerksamkeit auf deine Körpermitte. Nimm dort eine Kugel wahr. Aus dieser Kugel bildet sich das Oktaeder. Eine Spitze zeigt nach unten, die andere nach oben.

Nimm in deiner Vorstellung die Spitze, die nach oben zeigt, und ziehe sie durch alle Schichten und Dimensionen immer weiter, bis in den Mittelpunkt der Sonne und von dort aus weiter in die Zentralsonne, die Quelle des Urlichtes und das kosmische Herz der gesamten Galaxie.

Atme und spüre, wie das Urlicht in alle Ebenen und Dimensionen hineinströmt, sich in deiner Körpermitte sammelt und alles belebt. Nimm nun in deiner Vorstellung die Spitze, die nach unten zeigt, und ziehe sie durch alle Schichten und Dimensionen immer weiter, durch Erdschichten, Kollektivschichten, unbewusste Tendenzen, Wasserschichten, Feuerschichten bis in den Lichtbereich von Mutter Erde, ganz in den Kern, zur Urquelle allen Lebens. Verankere sie dort. Atme, und spüre, wie die kristalline Energie, die in allen Farben schimmert und alles enthält, aufsteigt und beginnt, zu reinigen, zu lösen und zu klären.

Das goldene Licht der Zentralsonne und die kristalline Energie der Urquelle allen Lebens strömen in dir zusammen und vereinigen sich dort. In deiner Mitte bildet sich die Blume des Lebens als Lebenskugel. Sie verankert sich in den vier Ecken des Oktaeders, rastet ein und beginnt, dein gesamtes Energiefeld in die kosmische Ordnung, in den Bauplan der Schöpfung, zurückzutragen.

Spüre nun das Oktaederfeld um dich herum. Nimm wahr, wie das Oktaeder seine Drehbewegung beginnt und dein gesamtes Feld reinigt. Während du im Zentrum des Wirbelsturms in Frieden ruhst, bewegt sich das Oktaederfeld in Lichtgeschwindigkeit um dich herum und klärt das gesamte Energiefeld. In diesem Feld bist du gut aufgehoben. Es kann sich in Lichtgeschwindigkeit in alles hineinbewegen und von jedem Ort Informationen sammeln.

Es kann sein, dass sich mehrere Oktaeder bilden, die sich in verschiedenen Bahnen bewegen. Jedes Oktaeder kann verschiedene Farben und Drehbewegungen entwickeln, um dein gesamtes System zu reinigen, zu klären und in die göttliche Ordnung zurückzutragen. Beobachte einfach, was geschieht, und lasse das intelligente Feld sein Werk tun.

Wenn es ruhig, still, klar, weit in dir wird, ist alles getan. Die Verankerungen der Spitzen lösen sich, das Oktaeder zieht sich in deine Körpermitte zurück und löst sich auf. Nun atme dich aus dem inneren in den äußeren Raum zurück.

Zusammenfassung

Das erste Lichtfeld, das wir ausrichten, sind wir selbst. Wir stellen sicher, dass wir genügend Energie haben, uns im Frieden ausrichten und uns für die unbegrenzte Energie und die Liebe zu allem Leben öffnen. Wir achten darauf, dass wir uns wirklich öffnen und dem schöpferischen, intelligenten, großartigen Feld hingeben, das alles durchdringt, alles durchströmt und in die göttliche Ordnung zurückträgt. Du kannst selbst entscheiden, welche Übungen du für dich wählst, um dich auszurichten und zu öffnen.

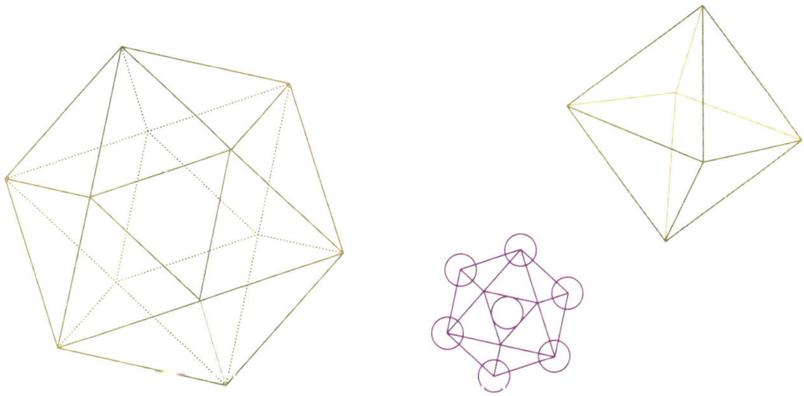

Praxis des Heilens mit Heiliger Geometrie

Vorbereitung auf das Wirken mit der Heiligen Geometrie

Wahrnehmungskanäle

Ich gebe dir hier einen kleinen Überblick über einige Kanäle, über die wir mit der Geistigen Welt verbunden sind. Jeder von uns bevorzugt eine andere Art der Wahrnehmung. Wähle deinen Wahrnehmungskanal, und versteife dich nicht darauf, etwas sehen zu wollen.

Telepathie – Du empfängst telepathisch die Botschaft aus dem geistigen Reich.

Empathie – Du fühlst mit anderen. Du kannst dich augenblicklich in die Lage des anderen einfühlen und ihn in eine andere Schwingung führen.
Klarwissen – Gedanken und Impulse kommen hell und klar in deinen Kopf. Erkenntnis taucht urplötzlich auf. Achte besonders auf wiederkehrende Gedanken und Impulse.
Klarfühlen – Du fühlst die Botschaft der Geistigen Welt. Wiederkehrende Signale (wie z. B. Gänsehaut, Wärmeschauer, Kribbeln des Körpers) sind Zeichen, dass die Botschaft richtig ist.
Hellhören – Du hörst deutlich die Botschaft der Geistigen Welt mit dem inneren Ohr. Die Botschaften wiederholen sich, sind liebevoll und direkt. Die Stimme ist klar und sanft.
Hellsehen – Du siehst Bilder und empfängst Bilder aus der Geistigen Welt vor dem inneren Auge. Bilder von Wesenheiten und mystischen Naturwelten erscheinen dir.
Traumkanal – Du empfängst Botschaften aus der Geistigen Welt durch Träume. Du wirst während des Schlafs in den Lichttempeln der Engel und Meister geschult.
Hellriechen – Du nimmst die Geistige Welt über den Geruchssinn wahr.

Weitere Zugänge sind über Zahlen, Formen etc. möglich, z. B. über den Astrokanal, den Zahlenkanal, den Logikkanal u. a.

Auf welche Weise kommunizierst du mit dem lebendigen Feld? Mache dir deine besondere Gabe bewusst. Wie nimmst du die feinstoffliche Welt wahr?

Formen und Symbole

Folgende Hilfsmittel wirken unterstützend bei der Ausrichtung des Lichtfeldes. Du kannst sie in Form von Bildern oder Symbolen verwenden.

- Kugel
- Hexaeder
- Oktaeder
- Ikosaeder
- Tetraeder
- Dodekaeder
- Pyramide
- Metatrons Würfel
- Vortexfeld (Torus)

Die Blume des Lebens und die fünf platonischen Körper sind die Grundlage der Lichtfeldausrichtung. Andere geometrische Formen kannst du aber selbstverständlich ebenfalls verwenden, wenn du den Impuls dazu verspürst.

Unser Sein besteht aus ineinander schwingenden Lichtfeldern. Alle platonischen Körper sind im Lichtfeld unseres physischen Körpers verankert und miteinander verbunden. Jeder platonische Körper schwingt auf einer anderen Frequenz und klärt jeweils einen bestimmten Bereich. Jede Blockade, jeder Stau, jeder Einschluss hat Auswirkungen auf das gesamte Zusammenspiel.

Indem wir alle platonischen Körper durch unser System laufen lassen, sprechen wir alle Ebenen an und können alles in die göttliche Ordnung zurückdrehen.

Unser Körper ist aus den folgenden Elementen aufgebaut:

Physischer Körper – Element Erde

Dazu gehören: Skelett, Zellen, Haut, Magen, Keimdrüsen
Bedeutung: Speicher, Stabilität, Grenzen, Halt, Ruhe, Frieden, Beständigkeit, Geduld, Ausdauer, Gegenwärtigkeit, Hier und Jetzt, Präsenz, Rhythmus

Emotionaler Körper – Element Wasser

Dazu gehören: Wasserhaushalt, Lymphsystem, Blut, alle Körpersäfte, Gehirnwasser, Nieren, Nebennieren, Blase, Dünndarm, Ausscheidung, Energiefluss, Transport der Nährstoffe, Aufnahme und Abgabe, Entgiftung und Reinigung, Entschlackung
Bedeutung: Emotionen, Empfindungen, Fühlen, Hören, Klang, Schwingung, Klärung, Reinigung

Energiekörper – Element Feuer

Dazu gehören: Herz, Geist, Augen, Immunsystem, Muskeln, Geschlecht, Blut, Bauchspeicheldrüse, Thymusdrüse, Charisma, Ausstrahlung, Wärmeregulierung
Bedeutung: Kundalini, Sehen, Verbindungen, Knoten, Verstrickungen, Lösung, Handlung, Umsetzung, Willenskraft, Durchsetzungskraft, Stau, Transformation, Schocks und ihre Lösung, Bewegung, Energieanhebung, Aufladung, Energiefluss

Geistiger Körper – Element Luft
Dazu gehören: Atmung, Gehirn, Nase, Geruchssinn, Hohlräume, Nebenhöhlen, Stirnhöhle, Zwerchfell, Stimme, Lunge, Luftröhre, Bronchien, Gedanken, Glaubenssätze, Überzeugungen
Bedeutung: Pech oder Segen, neue Energie, Freiheit, Unfreiheit, Öffnung, Möglichkeiten, Reinigung, neue Impulse

Lichtkörper – Element Äther
Dazu gehören: Gehirn, Nervensystem, Lichtsystem, Solarplexus, Akupunkturpunkte, Zirbeldrüse
Bedeutung: feinstoffliche Fähigkeiten, Liebesfähigkeit, Verbundenheit, Meditation, Kontemplation, Gebete, Visionen, schöpferische Impulse, Vorstellungsgabe, Visualisation, Konzentration von Energie, Einheitsfeld

Kausalkörper – Einheitsfeld – Kugel
Dazu gehören: Gemeinschaft, Gruppen, Beziehungen, Natur, All
Bedeutung: Wohl des Gesamten, kollektive Speicher, unser Platz im großen Ganzen, Verbundenheit, Führung, Energieaufladung, Einheit

Man könnte die platonischen Körper den ersten fünf Körperfeldern zuordnen, allerdings durchschwingen die platonischen Körper alle Körperfelder bis in das Einheitsfeld hinein.

Die unterschiedlichen Ebenen des Menschen sind in der Materie verankert, sie alle sind miteinander verbunden und haben jeweils Auswirkungen auf das gesamte System.

Der physische Körper schwingt am langsamsten, während der Lichtkörper am höchsten schwingt und der Kausalkörper am weitesten in das gesamte Feld reicht.

Du kannst in der Reihenfolge der Materialisation oder Dematerialisation mit der Heiligen Geometrie wirken, die platonischen Körper aber auch in einer intuitiven Reihenfolge durchlaufen lassen, indem du dich der inneren Führung anvertraust. Wichtig ist, dass alle Körper den Schwingungsraum des Seins durchlaufen können.

Die platonischen Körper können in folgender Reihenfolge angeordnet und angewandt werden, um Energie zu verdichten oder zu lösen.

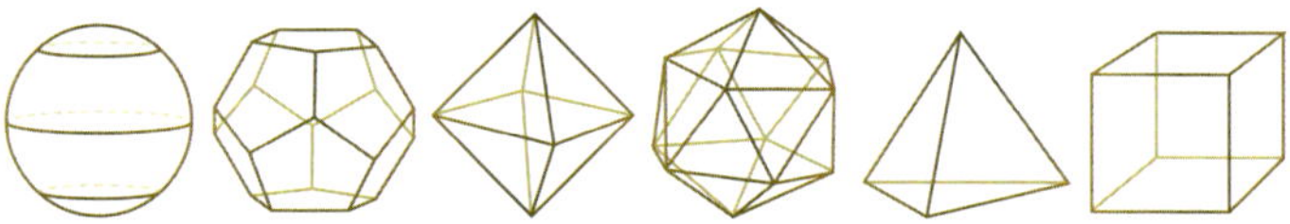

Reihenfolge der Materialisation (verdichtend, formgebend), z. B. Wunscherfüllung:

- Kugel – Mutter aller Dinge – Schöpfungsimpuls – Vision
- Dodekaeder – Äther – Herzenswunsch
- Oktaeder – Luft – Aufladen mit Segen
- Ikosaeder – Wasser – Anfüllen mit positiven Emotionen
- Tetraeder – Feuer – Energie anziehen, Handlungsimpulsen folgen
- Hexaeder – Erde – Materialisation – Der Same ist gesät.

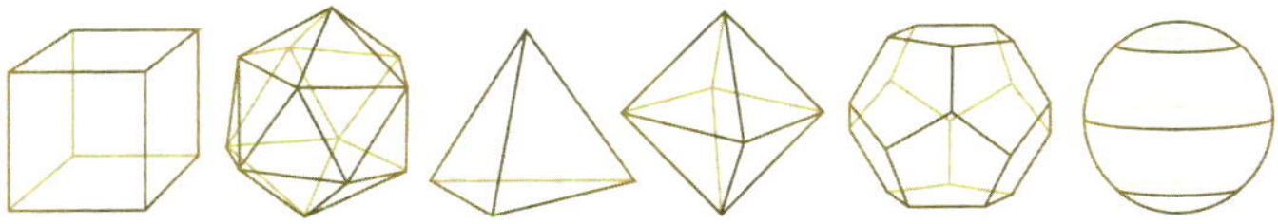

Reihenfolge der Dematerialisation (Verdichtungen und Formen lösend), z. B. Auflösung von negativen Energien:

- Hexaeder – Erde – Hier und Jetzt – Annahme
- Ikosaeder – Wasser – Lösung alter Emotionen
- Tetraeder – Feuer – Transformation und Umwandlung
- Oktaeder – Luft – Klärung und Segnung
- Dodekaeder – Äther – Befreiung, Weite
- Kugel – Einheit – Verbundenheit

ÜBUNG:
Eine mögliche Einstimmung in die Lichtfeldarbeit

Schließe deine Augen. Verbinde dich mit dem intelligenten Feld der Schöpfung. Gib klar und deutlich folgende Befehle:

»Lichtkörper – entfalte dich vollkommen!
Blume des Lebens – baue dich auf!
Metatrons Würfel – entfalte dich vollständig!
Heilige Geometrie – erfülle den Raum!
Ich gleiche alles mit höheren Dimensionen und Ebenen ab. Ich öffne mich für das intelligente Feld der Schöpfung, der Vollkommenheit und Einheit, der Quelle unbegrenzter Kraft, dem Ort, an dem Schöpfung entsteht.«

Spüre die Entfaltung, das Eintauchen und die Verbindung in der Einheit.

ÜBUNG:
Aufbau des Lichtfeldes

Richte dich zuerst selbst auf, und baue dein eigenes Feld auf (siehe S. 83 ff.).

Mache dir bewusst, für welchen Bereich deines Lebens du mit der Heiligen Geometrie wirken möchtest, z. B.:

- persönliche Themen
- Reinigung von Feldern
- Erdheilung (Die Erdheilung ist nachfolgend – ab S. 160 – beschrieben, da es hier einiges zu beachten gibt.)

Was ist dein Anliegen?

Fange mit einem persönlichen Thema an. Persönliche Themen können sein: Gesundheit, Beruf, Berufung, Gemeinschaft, Familie, Kinderwunsch, Reinigung eines Raumes nach Schock, Tod oder negativen Ereignissen.

Formuliere dein Thema genau. Worum geht es? Was ist das Ziel? Nimm dir hierfür Zeit. Je intensiver und klarer du dich ausrichtest, desto stärker kann die Arbeit mit den platonischen Körpern wirken.

Die platonischen Körper helfen, Blockaden bewusst zu machen und diese zurück in das Einheitsfeld zu bringen. Die Arbeit mit den platonischen Körpern ist ein Weg der Wiederausrichtung und Klärung eines Feldes. Es ist wichtig, dass wir uns zuerst selbst ausrichten und friedlich und ausgeglichen sind, bevor wir solche Arbeiten ausführen. Beachte: Diese Arbeit ersetzt keinen Arzt, Therapeuten oder eine Betreuung, die langfristig nach bestimmten Ereignissen im Leben notwendig ist.

Einen heiligen Schwingungsraum errichten:

Baue für dich einen heiligen Schwingungsraum auf. Folgende Möglichkeiten stehen dir zur Verfügung:

Du kannst in deiner Vorstellung vor dir einen Kreis ziehen (im Uhrzeigersinn) mit den Worten: »In diesem Raum errichtet sich ein Tempel aus Licht, zwischen den Welten und jenseits der Zeit. Funkelnd, strahlend, leuchtend, hell.«

Oder du baust z. B. eine Lichtpyramide auf, deren Spitze mit dem Einheitsfeld und deinem Höheren Selbst verbunden ist: Erschaffe in Gedanken eine Lichtpyramide im Raum. Beginne in einer Ecke des Raumes (Ecke 1). Ziehe eine geistige Linie in das Einheitsfeld nach oben (Pyramidenspitze) und aus dem Einheitsfeld wieder zurück in die Ecke. Fahre von diesem Punkt aus gedanklich die Länge des Raums bis in die nächste Ecke (Ecke 2) nach. Ziehe wieder eine geistige Linie in das Einheitsfeld nach oben und aus dem Einheitsfeld wieder zurück in die Ecke. Fahre dann die Länge des Raums entlang bis in Ecke 3. Ziehe wieder eine geistige Linie in das Einheitsfeld nach oben und aus dem Einheitsfeld wieder zurück in Ecke 3. Fahre die Länge des Raumes entlang bis in Ecke 4, wiederhole den Vorgang ein letztes Mal, bis du wieder in der Ecke angelangst, wo du begonnen hast. Du hast nun eine Lichtpyramide erschaffen, die dich mit dem Einheitsfeld und den höheren Ebenen verbindet. Du kannst solch eine geistige Pyramide überall errichten. Spüre nach!

Kräfte ehren und einladen:

Wenn wir nichts Heiliges einladen, kann auch nichts Heiliges entstehen.

Wenn du den Schwingungsraum errichtet hast, lade die Kräfte der sieben Richtungen, Osten, Süden, Westen, Norden, Unten, Mitte, Oben, ein. Dies kannst du auf deine Weise tun, z. B. indem du mit einem Muschelhorn in alle Richtungen bläst, mit einer Rassel die Räume öffnest oder dich still vor den großen Kräften des Universums in der jeweiligen Richtung verneigst und sie damit anerkennst. Du kannst auch ein Gebet, eine Anrufung sprechen, z. B.: »Ich werde denken, ich werde wollen, ich werde handeln. Du aber leite mein Denken, Wollen und Handeln in allem auf den rechten Weg.«

Diese Übung gleicht einem Gebet im Kreislauf der Sonne. Du verbindest dich mit den Himmelsrichtungen, den Elementen und den drei Stufen. Beginne im Osten, hier geht die Sonne auf, das Licht des neuen Morgens strömt ein:

Osten – Sonnenaufgang – Element Luft – Oktaeder

»Ich bitte die heiligen Winde, sich an diesem Ort zu versammeln, das Alte zu reinigen, damit das Neue einströmen kann. Segnet diesen Raum.«

Gehe weiter in den Süden, hier ist Sonnenhöchststand. Es wird gehandelt und gewandelt:

Süden – Sonnenhöchststand – Element Feuer – Tetraeder

»Feuer, Flamme, Licht, ihr heiligen Wesen des Feuers, wandelt und transformiert alles in seine ursprüngliche Form.«

Gehe weiter in den Westen, hier geht die Sonne unter, die Nebel steigen auf, es wird feucht und kühl:

Westen – Sonnenuntergang – Element Wasser – Ikosaeder

»Lebendiges Wesen des Wassers des ewigen Lebens, reinige, verbinde, kläre, damit alle Lebensenergie in den natürlichen Fluss zurückkehren kann.«

Gehe weiter in den Norden, hier ist die Sonne nie zu sehen. Es ist still, ruhig und dunkel, nur die Sterne und das Mondlicht beleuchten die Wege:

Norden – Nacht – Element Erde – Hexaeder

»Ruhe, Stille, lichtvolle Ahnen, Heiler und Heilerinnen, über Raum und Zeit möge Heilung geschehen, jetzt und hier.«

Gehe nach unten, um dich mit der unteren Welt zu verbinden.

Unten (die untere Welt) – Violettes Feuer – Kugel/Blume des Lebens

»Möge sich die Blume des Lebens errichten und alles am ursprünglichen Plan ausrichten. Violettes Feuer, lodere, lodere, lodere in, durch und um jedes Elektron, verwandele jede disharmonische Schwingung in Licht, bis es dem göttlichen Plan entspricht.«

Gehe in die Mitte, um dich mit dem Herzen zu verbinden.

Mitte (der Weg des Herzens) – Herz und Verstand – Dodekaeder

»Mögen sich alle Herzen öffnen, verbinden und mit größeren Herz- und Schwingungsfeldern abgleichen bis ins Herz unseres Universums. Wir sind eins.«

Oder: »Ich öffne mein Herz für die Liebe zu allem Sein. Ich vertraue.«

Gehe nach oben, um dich mit der Geistigen Welt zu verbinden.

Oben (die Geistige Welt) – Geist – Pyramide – Einheitsfeld

»Ich verbinde mich mit allen Stufen und Ebenen, den Entwicklungsmöglichkeiten in höchste Bereiche und mit dem Einheitsfeld. Möge der goldene Regen des Segens aus den höchsten Ebenen in diesen Raum strömen und in alles hineinfließen, womit wir sichtbar und unsichtbar verbunden sind, zum Segen und zur Ehre der gesamten Schöpfung.«

Die platonischen Körper aktivieren:

Segne und erwecke die platonischen Körper, die Urmuster der Elemente, indem du diese in die Hände nimmst. Du kannst aber auch auf jede andere Weise Kontakt mit den platonischen Körpern aufnehmen und dich mit ihnen verbinden.

Nun rufe dir dein Thema in Erinnerung. Dieses Thema ist nicht nur ein Gedanke, sondern ein Schwingungsraum. Ein geometrischer Raum, in dem alles schwingt, was mit deinem Thema zu tun hat. Dieser Raum befindet sich in dir.

Öffne in deiner Vorstellung diesen Schwingungsraum. Es ist, als ob du von oben in ein Feld schaust, in dem Vergangenheit, Gegenwart, Zukunft, tiefere Schichten und Ebenen, unbewusste, kollektive Ebenen, andere Verkörperungen und Lebensströme mitschwingen. Öffne dich nun mit jedem Atemzug für dein Thema und alle tiefen Schichten und unbewussten Muster.

Die platonischen Körper durch das Schwingungsfeld laufen lassen:

Nun lasse nacheinander die platonischen Körper dein Thema bzw. das Schwingungsfeld durchlaufen, indem du dich auf jeden platonischen Körper konzentrierst.

Wenn dir das am Anfang zu viel ist, empfehle ich, mit einer platonischen Form pro Tag zu beginnen und an sechs Tagen hintereinander jeweils einen platonischen Körper sowie die Kugel im Schwingungsfeld wirken zu lassen, so lange, bis alle Körper das Schwingungsfeld durchlaufen haben.

Wähle einen Raum, in dem du Ruhe hast und ganz für dich sein kannst. Öffne den Schwingungsraum, und warte, bis du das gesamte Feld der Energie fühlst:

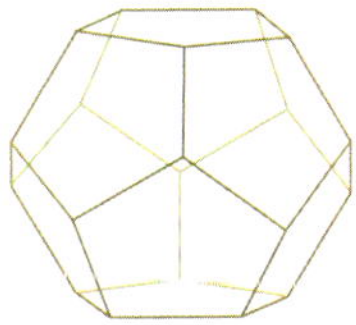

Dodekaeder

Atme drei Mal durch das Kronenzentrum ein und durch den Bauchnabel aus. Öffne dein Herz für die Liebe zu allem Leben. Konzentriere dich auf deine Körpermitte. Visualisiere die Blume des Lebens als Kugel in deiner Körpermitte, etwa auf Höhe des Bauchnabels.

Das Dodekaedergitter baut sich nun um dich herum auf. Es bilden sich kleine Dodekaeder – eines oder mehrere – aus deiner Mitte heraus, die eine eigene Bewegung haben. Erlaube dem Dodekaeder, sein Werk in diesem Feld zu tun. Verweile ruhig und still, beobachte, und fühle.

Mögliche Bewegungen:

Das Dodekaeder beginnt, die Lichtverbindungen aufzubauen und zu aktivieren, sodass sich das Licht und die Lebensenergie verstärken und fließen können. Lasse geschehen, was geschehen will. Manchmal ist es, als ob es blitzt und donnert, es Schläge tut und Energie frei wird, Türen aufgehen, Erinnerungen auftauchen und sich auflösen, Energie sich befreit oder Ähnliches.

Die Palette der Wahrnehmungen in der Arbeit mit dem Dodekaeder ist unbegrenzt. Ich kann hier lediglich eine Idee davon geben, was dich erwartet. Das gilt ebenso für alle anderen platonischen Körper.

Wenn das Dodekaeder sich ganz ruhig dreht, spüre nach. Nimm wahr, wie es sich in die Blume des Lebens zurückzieht. Dann kann sich der nächste platonische Körper aus deiner Körpermitte heraus bilden und sein Werk tun.

Ikosaeder

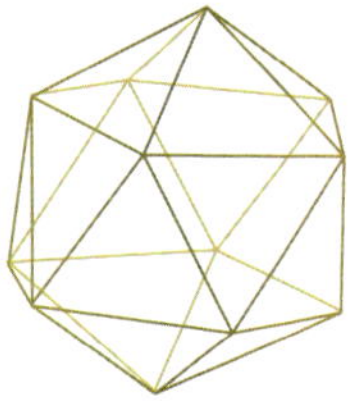

In deiner Körpermitte bildet sich in der Kugel, der Blume des Lebens, das Ikosaeder, indem du dich auf diese Form konzentrierst und sie visualisierst oder in dir fühlst. Das Ikosaedergitter baut sich um dich herum auf und beginnt, eine eigene Drehung zu vollziehen. Aus deiner Mitte heraus bilden sich kleine Ikosaeder und beginnen eine eigene Bewegung, mit der sie alles harmonisieren.

Mögliche Bewegungen:
Es kann sein, dass du das Gefühl hast, dich übergeben zu müssen, als ob alte gespeicherte Gifte abfließen, es an manchen Stellen schmerzt, dir schmerzhafte Erinnerungen blitzartig in den Sinn kommen oder Ähnliches.

Lasse das Ikosaeder sein Werk tun, und spüre, wie es reinigt, klärt und ausbalanciert. Wenn es sich ruhig und gleichmäßig dreht, ziehe es in die Körpermitte zurück. Verweile für einen Moment. Spüre nach, und erlaube, dass die nächste Form entsteht.

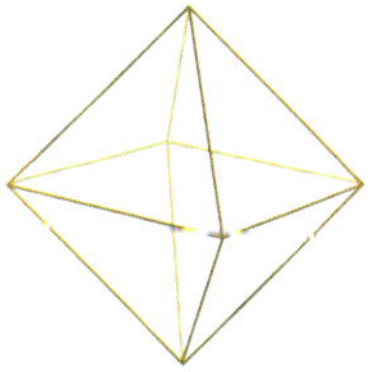

Oktaeder

In deiner Körpermitte bildet sich in der Kugel, der Blume des Lebens, das Oktaeder, indem du dich auf diese Form konzentrierst und sie visualisierst oder in dir fühlst. Das Oktaedergitter bildet sich um dich herum und beginnt, eine eigene Drehung zu vollziehen. Kleine Oktaeder bilden sich und wirken im Feld wie kleine Lichtbohrer.

Mögliche Bewegungen:

Die kleinen Oktaeder sausen durch das Lichtfeld, befreien die Lichtbahnen von Ablagerungen und Blockaden, reinigen, öffnen, klären, laden auf und verbinden. Sie legen Wurzeln und Energiebahnen frei.

Erlaube dem Oktaeder, geführt aus dem lebendigen Feld der Einheit sein Werk zu tun. Beobachte, fühle, und spüre. Wenn es sich ruhig dreht, ziehe es in die Körpermitte zurück. Verweile für einen Moment. Spüre nach, und erlaube, dass die nächste Form entsteht.

Tetraeder

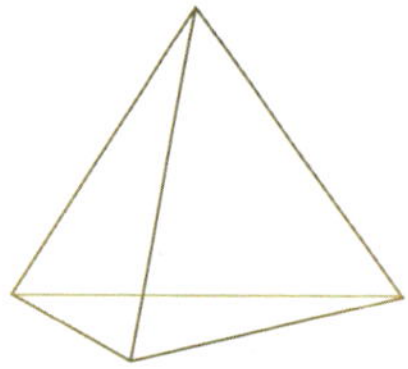

In deiner Körpermitte bildet sich in der Kugel, der Blume des Lebens, das Tetraeder, indem du dich auf diese Form konzentrierst und sie visualisierst oder in dir fühlst.

Nun baut sich das Tetraedergitter um dich herum auf und beginnt, eine eigene Drehung zu vollziehen. Aus deiner Mitte heraus bilden sich kleine Tetraeder, die sich durch das Schwingungsfeld bewegen.

Mögliche Bewegungen:
Das Tetraeder löst Schocks, eingeschlossene Erinnerungen und blockierende Gefühle. Feuer und Licht sowie Blitz und Donner leuchten auf und sind zu spüren. Du fühlst Befreiung, Erlösung und Transformation. Diese Gefühle sind wärmend, erfüllend und bergend. Das Feuer verbindet sich wieder mit dem Licht.

Wenn sich das Tetraeder ruhig dreht, ziehe es in die Körpermitte zurück. Verweile für einen Moment. Spüre nach, und erlaube, dass die nächste Form entsteht.

Hexaeder

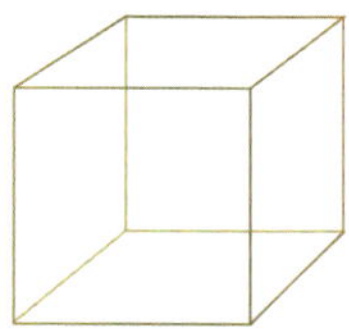

In deiner Körpermitte bildet sich aus der Kugel, der Blume des Lebens, das Hexaeder, indem du dich auf diese Form konzentrierst, sie visualisierst oder in dir fühlst. Das Hexaedergitter baut sich auf und beginnt, eine eigene Drehung zu vollziehen. Aus deiner Mitte heraus bilden sich verschiedene Hexaeder, die sich durch das Schwingungsfeld bewegen.

Mögliche Bewegungen:
Das Hexaeder kann sich sowohl ruhig und langsam drehen als auch auf seinen Spitzen sehr schnell werden. Es stellt die Balance und das rechte Maß, die rechte Spannung her.

Es stabilisiert, entspannt und beruhigt das Feld, speichert neue Frequenzen ab und macht sie sichtbar. Das Hexaeder beruhigt und stabilisiert Felder so, dass sie sich mit neuer Kraft füllen können.

Wenn sich das Hexaeder ruhig dreht, ziehe es in die Körpermitte zurück. Verweile für einen Moment. Spüre nach, und erlaube, dass die nächste Form entsteht.

Kugel

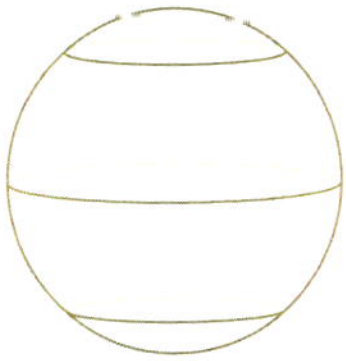

In deiner Körpermitte bildet sich aus der Kugel, der Blume des Lebens, die Kugel, indem du dich auf diese Form konzentrierst, sie visualisierst oder in dir fühlst. Die Kugel baut sich um dich herum auf. Aus deiner Körpermitte heraus bilden sich viele kleine Kugeln, die sich frei bewegen.

Mögliche Bewegungen:
Die Kugeln bewegen sich mit Lichtgeschwindigkeit. Alles kann gleichzeitig wahrgenommen werden. Du spürst eine Erweiterung und Verbindung mit allem.

Lasse die Kugel ihr Werk tun. Wenn sie ruhig wird, ziehe sie in deine Körpermitte zurück. Verweile für einen Moment. Spüre nach.

Lasse die platonischen Körper auf diese Weise das geöffnete Lichtfeld durchlaufen. Gesteuert aus einer eigenen Intelligenz richten sie dieses Lichtfeld wieder an der göttlichen Matrix aus. Manche platonischen Körper laufen schnell durch ein Feld und sind schnell wieder in der Ausgangsposition, manche brauchen lange und wirken intensiv.

Tipps:
Notiere deine Erfahrungen. Vielleicht sind dir während der Lichtfeldausrichtung andere Themen ins Bewusstsein gekommen, die auf die gleiche Art bearbeitet werden können. Wenn platonische Körper sehr lange in ihrer Bewegung in Resonanz gehen, können sie auch tatsächlich an der Stelle, an der sie dies tun, in die Erde gegeben werden oder an diesem Ort für eine Zeit installiert werden.

Wenn du mit Techniken wie z. B. Matrix Energetics vertraut bist, kannst du auf diese Weise alle platonischen Körper aus den höchsten Ebenen in das Lichtfeld ziehen und sie wirken lassen.

Baue den Schwingungsraum, den du aufgebaut hast, zum Abschluss wieder ab, indem du die gegenläufige Bewegung wählst. Bei einem Kreis oder einer Pyramide, die im Uhrzeigersinn aufgebaut wurde, ziehe ich einen Kreis gegen den Uhrzeigersinn und baue das Schwingungsfeld dadurch ab.

Wenn du möchtest, sprich zur Bekräftigung folgende Worte: »Es ist getan, denn ICH BIN Gotteslicht in Tätigkeit.«

Zusammenfassung

Werde dir über dein Thema klar, und fasse es für dich kurz und prägnant zusammen. Dein Thema hat viele Ebenen und Schichten und kann in ganz anderen Feldern seinen Anfang genommen haben. Es ist in deiner Seele gespeichert und möchte freigegeben werden, damit die Energie wieder fließen kann und du neue Erfahrungen der Liebe und Selbstliebe, der höheren Führung, der Freude machen kannst.

Mache dir bewusst, dass alles Schwingungsfelder, Schwingungsräume sind. Öffne dich für den Schwingungsraum, der in dir ist. Lasse nacheinander die platonischen Körper darin wirken, und beobachte, wie sie die Energie wandeln, transformieren, reinigen und in die göttliche Ordnung zurückführen.

Schließe den Raum, den du geöffnet hast, und wisse: Es ist getan.

Beispiele zu persönlichen Themen

Die folgenden Beispiele zur Lösung persönlicher Themen mit der Lichtfeldarbeit sind mir von Freunden und Bekannten übermittelt worden. Danke, dass ich diese Berichte ohne Namen veröffentlichen darf.

Beispiel 1

Thema: Nackenschmerzen

Vor mir lagen die Blume des Lebens und die sechs platonischen Körper. Ich wählte den intuitiven Weg: Ich öffnete mich für das Schwingungsfeld im Nacken. Es fühlte sich zusammengerauscht und verklebt an. Die Schwingung war an manchen Stellen sehr langsam. Nach und nach ließ ich die platonischen Körper durchlaufen und spürte eine energetische Befreiung im Feld. Ich achtete darauf, nicht nur die wissende Seite in mir zu aktivieren, sondern auch zu fühlen.

Tetraeder

Das Tetraeder begann, durch das Feld zu wirbeln. Ich spürte die Nervenstränge. Es fühlte sich an, als ob diese verklebt waren und den Strom nicht richtig leiteten. Ich nahm die rechte Seite der Wirbelsäule wahr bis in das Herzfeld. Es war, als ob ich gern etwas sagen wollte, mich aber nicht traute und mich immer zurücknahm, obwohl ich eigentlich handeln sollte. Es fühlte sich an, als wäre reichlich Energie im Innen, die ab dem Hals gedrosselt wurde, damit ich nicht auffalle. Es fühlte sich an wie eine alte Konditionierung. »Sei still! Halte deinen Mund«, tönte es in meinem Kopf. Die Stimmen meiner Kindheit. Eine Traurigkeit löste sich. Ich sagte Ja zur Auflösung. Es blitzte in mir auf. Das Tetraeder sauste hoch und runter, auch in den rechten Arm hinein und von dort bis in mein Stammhirn. Ich spürte aufblitzende Schmerzen, nur für Sekunden, doch sehr intensiv, und dann war alles ruhig.

Hexaeder

Als Nächstes bildete sich das Hexaeder aus meiner Körpermitte. Es bewegte sich ruhig, wirkte im ersten Moment schwer und träge. Langeweile kam mir in den Sinn. Ich wusste nicht, was ich hier wollte. Ich legte mich hin. Für einen Moment lag ich auf dem Rücken wie ein umgedrehter Käfer, fühlte mich hilflos und klein wie ein Baby. Ich hörte Stimmen wie ein Gewitter über mir und spürte Angst und Kälte in mir. Etwas in mir zog sich zurück. Das Hexaeder drehte sich auf einer seiner Spitzen und aktivierte mein Körperfeld. Ich hatte das Gefühl, dass Speicher gelöscht wurden, und spürte, wie Lebensenergie einströmte. In meiner Wirbelsäule fühlte es sich warm an und stabil im Rücken. Ich richtete mich auf und fühlte, wie ich völlig entspannt in mir ruhte, und das erste Mal begriff ich, dass ich erwachsen war. Mein Nacken und mein Kopf wurden ruhig. Es war, als ob mein Kopf nach oben gezogen wurde und der Nacken sich streckte. Es wirkte so, als ob ich die ganze Zeit nur in mich hineingeschaut und die Welt nicht hatte sehen können. Nun fühlte sich alles wie in der richtigen Position an. Es war ein warmes ruhiges, entspanntes, aufrichtiges Gefühl. Ich war bei mir und im Frieden.

Oktaeder

Dann bildete sich das Oktaeder. Es wirkte unruhig, flackernd, unsicher. Es fiel mir schwer, diese Form in meiner Vorstellung zu halten. Das Feld wirkte dunkel und unvollkommen. Mehrere kleine Oktaeder bildeten sich, die sich in alle Richtungen drehten, immer schneller. Ich nahm sie deutlich im siebten Halswirbel wahr. An dieser Stelle spürte ich eine Nervenbündelung, die wie ein Wollknäuel wirkte. Die Nerven wurden auseinandergezogen und gereinigt, anschließend zusammengefasst und verbunden. Es wurde hell in mir, eine innere Verbindung und ein gutes Gefühl der Leichtigkeit entstanden. Es war, als ob ich bisher gern den Kopf eingezogen hatte, weil ich mich ängstigte, und ihn jetzt wieder frei und selbstbewusst auf dem Hals tragen konnte. Das Oktaeder wirbelte noch eine Zeit lang hin und her. Ich spürte es im Gehirn, es tat immer mal wieder kurz weh, als ob etwas gelöst oder gereinigt würde. Es drehte sich im Nacken und in den Schultern, und ich spürte erstmalig die Verspannungen. Eine Massage kam mir in den Sinn. Es wurde ruhig, in mir war es hell.

Ikosaeder

Nun bildete sich das Ikosaeder. Es begann, seine eigenen Drehungen zu vollziehen. Ich beobachtete und fühlte. Es kreiste um meinen Hals. Ich hatte für einen Moment starke Ohrenschmerzen, es war unangenehm. Alles, was ich über die Ohren aufnahm, kam in Bewegung. Ich wollte nicht mehr hören. Mir wurde ganz übel. Streit, Nachrichten, Krieg ... alles schien auf mich einzuprasseln. Wortfetzen schwirrten durch den Raum. Es war wirklich sehr unangenehm. Das Ikosaeder wollte nicht aufhören mit der Drehung. Es fühlte sich an, als ob dieser Bereich überlastet war. Im Lymphsystem löste sich einiges.

Nach einer Weile wurde es ruhig, heller und klarer in meinem Kopf, im Halsbereich, in mir – Stille, Frieden. Plötzlich nahm ich das Ikosaeder im Beckenboden wahr. Es war, als ob sich dort eine dunkle Soße abgelagert hatte, wie Schlamm im Flussbett. Dieser Schlamm wurde aufgewühlt und weggespült. Wieder wurden Übelkeit, träge Masse und verlangsamte Schwingungsrate gewandelt. Das Ikosaeder wanderte meinen Körper auf und ab. Ich spürte Stau, Säure, Ablagerung und deren Aufweichung, Abfluss und Lösung. Ich spürte, wie eine Quelle in mir anfing zu sprudeln. Erst ganz wenig, dann immer mehr. Es wurde immer klarer und heller in mir.

In mir kam der Impuls eines Basenbades und der Entsäuerung auf, indem ich mehr darauf achte, was ich zu mir nehme.

Dodekaeder

Das Dodekaeder bildete sich und begann, eine eigene Drehung zu vollziehen. Es kreiste um mein Herzfeld. Ich nahm das Klopfen wahr und eine Angst und wie diese mein Feld verließ und sich beruhigte. Ich spürte alle Nervensynapsen, die Anspannung darin und so etwas wie eine Verkrampfung. Das Dodekaeder richtete alles wieder an der Ordnung aus. Ich nahm Lichtblitze und Drehbewegungen wahr, ab und zu ein Bitzeln und ein Aufleuchten. Es war schnell ruhig. Ich kam in einen meditativen Zustand, in dem ich ewig hätte verweilen können. Es fühlte sich an wie eine Aufladung.

Kugel

Aus der Mitte heraus bildete sich die Kugel. Sie drehte meinen Hals und meinen Kopf von allein hin und her und auch die Kugeln in meinen Armgelenken. Ich hatte das Gefühl, den Kopf mitdrehen zu müssen, was ich dann auch langsam tat. Es knackte im Hals, besonders bei der Drehung nach hinten. An manchen Stellen hielt die Kugel an und wiegte den Hals, ich vollzog diese Bewegung mit. Gestaute Energie löste sich. Ich konnte deutlich wahrnehmen, wie sie zum Kronenzentrum hinausfloss. Irgendwann kam die Kugel zum Stillstand.

Blume des Lebens

Die Blume des Lebens bildete sich und ging einmal durch mein gesamtes Feld. Wie ein »Lichtfilter« nahm sie die nicht mehr gebrauchten Restenergien auf und glich alle Felder miteinander ab. Dann spürte ich Ruhe und nahm deutlich wahr: Es ist vollbracht.

Ich spürte eine große Erleichterung im Nacken. Es brauchte noch etwas, aber er war wieder beweglich. Massage, Basenbad, Entsäuerung, Ernährungsumstellung und die Gelenke sanft bewegen – das waren jetzt meine nächsten Schritte.

Ich danke für die Erkenntnisse und das, was sich lösen konnte. Danke für diese wundervolle Technik.

Beispiel 2
Thema: Ehekrise

Ich nahm an einer geführten Arbeit zur Lichtfeldheilung teil, sodass ich nur den Worten von Jeanne Ruland zu folgen brauchte und ganz bei mir sein konnte. Sie leitete uns.

Mir half allein schon die Beschäftigung mit der Krise. Ich fragte mich, wann sie begonnen hatte, wodurch sie ausgelöst worden war und wo das Ungleichgewicht in der Beziehung zwischen mir und meinem Mann begonnen hatte.

Ich öffnete mich für unser gemeinsames Schwingungsfeld, indem ich uns nicht als getrennt betrachtete, sondern das Wesen sah, das wir beide zusammen bildeten. Es wirkte sehr krank, grau, festgefahren und kraftlos. Keiner konnte dem anderen wirklich etwas geben.

Dodekaeder
Das Herzfeld war verschlossen und zurückgezogen. Nicht nur das gemeinsame, sondern das Herzfeld in jedem von uns. Das Dodekaeder drehte und kreiselte in dem gemeinsamen Feld, und das gemeinsame Herzfeld öffnete sich. Ich konnte aus dem Widerstand und den Schuldzuweisungen in das Mitgefühl für unser gemeinsames Ehewesen gehen. Ich spürte deutlich, dass die Liebe vom Anfang noch da war und dass wir beide abwarteten. Das beflügelte mich. Mein Herz öffnete sich.

Hexaeder
Das Hexaeder erschien mir besonders hart. Schaffen, schaffen, schaffen, aber nicht leben. Ich spürte die Verhärtung und Erschöpfung, in der nichts erblühen konnte. Es bewegte sich dumpf, laut und gleichmäßig. Ich hatte das Gefühl, nicht mehr atmen zu können. Es fühlte sich öde an. Plötzlich begann es, sich zu drehen, und es kam Bewegung in das Feld. Neue Wege, Neues ausprobieren. Es tat gut. Ich spürte, wie ganz allmählich eine neue Energie zu erblühen begann. Alles in mir atmete auf.

Ikosaeder
Das Ikosaeder drehte sich sehr langsam und dumpf. Es geriet anfangs immer wieder ins Stocken und wollte einfach nicht fließen. Es bohrte sich durch mein Becken und begann, sich dort zu drehen. Ich spürte das erste Mal seit Langem wieder eine Bewegung im Becken. Alles wirkte wie eingeschlafen. Es bewegte und drehte mich. Erinnerungen stiegen auf, die mit der eingeschlafenen Sexualität zusammenhingen. Ich konnte loslassen und verzeihen. Ich spürte einen Tanz und erinnerte mich plötzlich an die Lebensfreude, die eigentlich in mir steckte. Ich habe immer gern getanzt und mich bewegt. Durch die Bewegung kam Energie in unser Beziehungswesen. Es dauerte, bis es anfing zu schwingen. Ich spürte, wie eine Schwere sich löste, und hörte Laute des Lachens, der Freude und des Feierns. Es war mir unangenehm, aber mit einem Mal nahm ich den vielen Alkohol wahr, den wir uns so selbstverständlich gönnten. Er hatte auf der inneren Ebene eher eine betäubende und lähmende Wirkung. Es war, als müsse ich mich

übergeben und als ob viel Gift aus meiner Leber hinausflösse. Es löste sich, und das tat gut. Alles wurde wieder klar.

Oktaeder
Das Oktaeder verstärkte die Energie. Es war wie ein Öffnen und Sich-Erheben. Angenehm. Dunkle Wolken verschwanden. Es war, als ob alles wieder miteinander verbunden war.

Tetraeder
Das Tetraeder wirbelte zuerst in der Basis und stieg dann ganz langsam auf. Das Feuer wirkte erloschen und entzündete sich dann plötzlich wie ein aufflammendes Streichholz. Erinnerungen kamen hoch, all das Schweigen und das Unausgesprochene, die stillen Vorwürfe. Aufflackern und wieder erlöschen. Mit einem Mal stand das gesamte Beziehungswesen in Flammen, und alles wurde gereinigt. Aus dem Häufchen Elend wurde ein leuchtendes Wesen.

Kugel
Die Kugel machte alles rund. Es war, als ob eine Phase der Beziehung endete und eine neue begann. Mir wurden die Einheit, die Spiegelung und mein Beitrag deutlich bewusst. Ich beschloss, neue Wege zu gehen.

Als ich nach Hause kam, bemerkte ich, dass ich anders auf unser Muster reagierte und mein Mann kurz aufhorchte. Es dauerte noch etwas, bis wir wieder zusammenfinden konnten, doch es gelang. Ich musste nicht ihn ändern, sondern mich und meine Resonanzen in dem Muster erkennen.

Die Erkenntnisse, die ich über die Lichtfeldheilung finden konnte, waren sehr hilfreich.

Erdheilung

Es gibt viele Gruppen, die sich zu Erdheilungen und Lichtfeldheilungen treffen. Gerade im aktuellen Weltgeschehen stelle ich immer mehr fest, wie viele Menschen weltweit auf den inneren Ebenen unterwegs sind, um die Balance der aus dem Ungleichgewicht geratenen Felder wiederherzustellen oder abzumildern (Überflutungen, Brände, Wirbelstürme, Erdbeben usw.). Das ist sehr erbaulich, berührt mich tief im Herzen und schenkt große Hoffnung. Das geistige Erwachen geschieht, und es ist wundervoll, ein Teil davon zu sein.

Mögen sich die Herzen aller Menschen öffnen, Liebe und Licht einströmen und wir aus dem Tiefschlaf in die Einheit erwachen.

In Lak'ech – Ich bin ein anderes Du.
Wir sind verschiedene Aspekte des Einen.

Da wir Teil des Gesamten sind, wir nicht nicht handeln können und jeder Gedanke, jedes Gefühl, jedes Wort, jede Handlung von uns Impulse und Energie aussendet, bin ich dafür, bewusste, kraftvolle und heilsame, vollkommene Impulse über Gebete, das Entzünden von Kerzen, Gedanken und das Wirken zu senden, um Energien in die vollkommene kosmische Ordnung zurückzudrehen.

Es gibt viele Methoden der Erdheilung bzw. Reinigung und des Herstellens der Balance. Mir ist wichtig, dass wir den lebendigen Geist eines Ortes erfassen, uns verbinden und uns von den dortigen Kräften führen lassen und nicht eigenmächtig aus dem Ego heraus wirken.

Die Grundproblematik der Erdheilung ist nicht die Umweltbelastung, es ist die Aggression des Menschen und seine Trennung von der Erde. Wollen wir in ein neues Feld wechseln, sind der Blick in den unendlichen Raum, die Erkenntnis der Ewigkeit und des Einsseins, Empathie und Mitgefühl der Weg.

Früher waren die Bäume unsere älteren Geschwister,
die Tiere unsere Verbündeten,
Kraftplätze die Tore zu den Sternen,
unsere Gedanken und Segnungen
ließen die Kristalle in der Erde wachsen und leuchten.
Wir tranken vom Wasser des ewigen Lebens,
und unsere Lieder und Reigen krönten die Schöpfung.
Unsere Worte und Handlungen
waren Segen für diese wie für alle Welten.

Erinnerung an Lemuria

Die Natur hat ihre eigenen Gesetze, Regenerationskräfte und Lebensströme. Wenn wir in der Natur wirken, ist es wichtig, dass wir uns mit dem Feld verbinden und mit Hütern und Kräften dieses Ortes gemeinsam Hand in Hand arbeiten. Es ist wichtig, dass wir uns achtsam verhalten. Dass wir einen Platz besser zurücklassen, als wir ihn vorfinden. Das heißt z. B., dass wir Abfall einsammeln und nicht achtlos liegen lassen.

Die Natur reagiert auf unsere Energie und spiegelt diese wider. Stelle dir Folgendes vor: Es klingelt an deiner Haustür. Du öffnest. Eine Horde Menschen trampelt ungefragt in dein Haus, ohne dass sie hereingebeten worden sind. Sie beginnen, Möbel zu rücken, umzubauen, Dinge mitzunehmen. Sie brüsten sich lautstark mit dieser Aktion und verlassen dein Haus wieder. Wie fühlst du dich dabei?

Genauso geht es sicher einigen Naturwesen und Kräften mit uns. Die Natur ist lebendig. Wir stellen nicht das einzige Leben hier auf Erden dar. In der gesamten Schöpfung wirken intelligente Kräfte und Lebensströme. Behandle die Plätze in der Natur so, wie du in deinen Räumen auch behandelt werden möchtest.

Für mich müssen folgende Voraussetzungen für eine Erdheilung gegeben sein:

Ich vernehme in der Seele einen Ruf und folge diesem Ruf. Ich setze mich mit den Kräften in Verbindung. Ich lausche genau nach innen. Wenn Führung und Erlaubnis da ist, wirke ich im Einklang mit den Kräften.

In der Erdheilung kann genauso vorgegangen werden wie in persönlichen Belangen. Ich bereite mich vor und richte mich am Einheitsfeld aus, im Einklang mit den Kräften und Elementen. In einer Gruppe kann jeder einen platonischen Körper übernehmen und mit ihm wirken, indem er sich über den platonischen Körper im intelligenten Feld der Schöpfung führen lässt.

Hier ein Beispiel für eine Gruppensitzung mit sechs Teilnehmern:

Verbindet euch, indem ihr euch z. B. die Hände reicht, zusammen ein Gebet sprecht oder ein Mantra singt. Verbindet euch mit den Ebenen des Segens. Verbindet euch mit Mutter Erde, mit den Elementen, indem ihr in jede Richtung ein Signal gebt, mit dem Muschelhorn, der Rassel, der Trommel oder Ähnlichem.

Öffnet euch für die höhere Führung und das Einheitsfeld, die fünfte Dimension und die Blume des Lebens, z. B. durch Drüsenausrichtung (siehe S. 113), Aufbau der goldenen Lichtsäule (siehe S. 125) etc. Jeder aus der Gruppe übernimmt nun einen platonischen Körper und lässt sich in dem Schwingungsfeld führen. Das bedeutet, ihr wartet, bis ein deutlicher Impuls kommt, und wirkt dann – und nicht umgekehrt. Lasst euch führen. Jeder Teilnehmer der Gruppe wählt einen platonischen Körper und nimmt diesen in die Hand. Er verbindet sich auf seine Weise damit.

Wenn ihr zu zweit seid, lasst nacheinander alle platonischen Körper durchlaufen, und beobachtet die Ausrichtung, die zu beobachten ist.

Erfahrungsbericht von Gruppenteilnehmern:

Person 1: Ikosaeder
Das Ikosaeder zog mich in die unterirdischen Wasserverläufe und Quellen und in das Mittelmeer. Ich nahm große Angstfrequenzen und Schocks wahr. Das Wasser wirkte verschmutzt und traurig. Das Ikosaeder drehte sich, reinigte und balancierte, es öffnete ein Tor in andere Ebenen. Seelen, die an den Grund des Wassers getragen wurden (die vielleicht einmal darin ertrunken sind), wurden von allein in das Licht gezogen. Es wurde immer heller und klarer. Licht strömte ein, Verunreinigungen lösten sich auf.

Ich fühlte mich danach leicht und frei. Die Schwere und Traurigkeit waren transformiert.

Person 2: Oktaeder
Das Oktaeder baute sich um mich herum auf und zog mich weit in das All. Ich dehnte mich in die Unendlichkeit aus, fühlte mich allverbunden und eins mit dem Universum. Das Oktaeder begann, sich zu drehen und all den Schwindel, die Manipulation und die Lüge aufzulösen, die in der Luft lagen. Felder wurden gereinigt. Ich konnte die Allverbindung spüren und den Raum, in dem sich die Energie umwandelte. Der ganze Raum war mit Licht gefüllt, ähnlich den tanzenden Polarlichtern, die das Feld mit dem Licht des Regenbogens reinigten und aufluden.

Als ich zurückkam, fühlte ich immer noch das Drehen und das Auflösen der Manipulation um meinen Kopfbereich herum, auf Höhe der Zirbeldrüse.

Person 3: Hexaeder

Das Hexaeder baute sich um mich herum auf. Zuerst nahm ich Einsamkeit, Kälte und Leere wahr. Alles fühlte sich verlassen an. Mit einem Mal kam ein tiefes Aufatmen, so, als ob ein schweres Leiden jetzt überstanden oder eine Krankheit überwunden sei. Alles begann, sich zu regenerieren, neu zu sprießen und sanft zu schwingen. Zart, grün, saftig. Ich beobachtete große Erleichterung und die Erneuerung der Erde.

Ich war jetzt zuversichtlich und voller Hoffnung.

Person 4: Tetraeder

Das Tetraeder vibrierte und drehte sich. Es zog mich zu Oberleitungen, die es zu reinigen begann. Dann wirbelte es in den gesamten Raum zwischen Himmel und Erde. Es transformierte den gesamten Elektrosmog, der sich in diesen Ebenen befand, und löste ihn auf. Dunkle Wolken reinigten sich. Ich hörte Blitze knistern und fühlte elektrische Impulse durch mich hindurchströmen. Das Tetraeder wirkte bis ins Weltall hinein, bis zu den Antennen und Satelliten dort, die beständig das morphogenetische Feld beschallen und damit das Feld speisen. Es wirbelte zwischen diesen Antennen mit einer kaum zu haltenden Power hin und her und schuf Freiräume in das All hinein, sodass die kosmische Energie stärker einströmen konnte. Das Tetraeder begann, eingeschlossene Energien in den elektromagnetischen Feldern zu befreien. Es hörte sich an wie ein Donnern und eine Entladung und danach wieder wie frei fließende Energieströme. Abschließend berührte es wieder die Stromleitungen. Funken flogen.

Ich fühlte mich jetzt aufgeladen und vollkommen verbunden, energievoll und präsent.

Person 5: Dodekaeder
Das Dodekaeder baute sich auf. Ich nahm ein gigantisches Liebes- und Lichtfeld wahr, das alles durchzog. An manchen Stellen war es dunkel, und das Feld sah aus, als ob es Löcher hatte oder verschlossen war. Das Dodekaeder tauchte in einzelne Felder hinein und öffnete die Lichtbrennpunkte, die Herzen dieser Felder. Es war, als ob sich alles immer mehr verband. Ich konnte das Christusgitternetz wahrnehmen, das um die Erde herum leuchtete und immer stärker wurde. Es war wie ein Erwachen des Lebens. Jetzt fühlte ich mich ruhig, voller Hoffnung und Zuversicht. Alles war gut. Ich fühlte mich frei und in der Liebe ruhend.

Person 6: Kugel
Die Kugel löste sich aus der Blume des Lebens. Sie begann, sich in alle Richtungen zu drehen. Ich konnte alle anderen Elemente wahrnehmen und ihr Wirken in der Einheit. Es war großartig. Alles war rund und vollkommen. Es war, als ob das dunkle Netz der Unvollkommenheit wieder in die vollkommene Verbindung gezogen worden wäre. Alles existierte gleichzeitig. Meine Aufgabe war es, die Verbindung, das Einssein und die Energiefüllung herbeizuführen. Die Kugel brachte Energie an die Plätze, stärkte die Verbundenheit und nährte das Feld. Ich fühlte mich frei und verbunden. Alles war eins.

Wenn die Lichtfeldheilung beendet ist, erzählt euch gegenseitig, was jeder empfunden, gesehen oder empfangen hat. Anschließend beendet die Runde, indem ihr euch die Hände reicht und gemeinsam ein Friedensmantra singt. Bedankt euch für das, was geschehen konnte.

Ihr könnt auch andere geometrische Formen mit in die Gruppe einbeziehen, z. B. die Blume des Lebens, Metatrons Würfel, den Samen des Lebens oder die Pyramiden.

Zum Abschluss noch eine kleine Geschichte

Mein Mann fragte mich eines Tages: »Was würdest du tun, wenn du vor einen intergalaktischen Rat treten müsstest, um die Menschheit zu vertreten? Was würdest du sagen?«

Im ersten Moment kicherte ich, weil es mir unangenehm war, die »Spezies Mensch« zu vertreten. Dann lautete meine spontane Antwort: »We like to entertain you. Wir wollen euch unterhalten, denn unterhaltsam sind wir allemal, wenn man die gesamte Menschheit als Einheit von oben sieht.«

Mit einem Mal öffnete sich ein Tor. Ich sah die Menschheit von oben – die vielen Milliarden Menschen, die in Samen, in Hülsen ruhten und sich in einem sehr begrenzten Feld bewegten. Ich sah das Erwachen der ersten Menschen. Es war, als ob Blüten, die nicht von dieser Welt waren, sich öffneten und ein Licht offenbarten, das sich unaufhaltsam und weit in das Weltall verströmte und alles erleuchtete. Wie auf einen inneren Impuls hin öffnete sich eine Blüte nach der anderen, und immer mehr Licht strömte ins All und zog die Erde in einer Lichtspirale in die Einheit zurück. Es war magisch. Ich war sehr tief berührt. Die Heilige Geometrie zeigt uns, dass es einen vollkommenen Plan hinter allem gibt und das Feld in sich reich, ewig und intelligent ist. Das intelligente Feld führt und trägt uns, wenn wir uns darauf ausrichten. Möge das neue Zeitalter sich offenbaren. Halten wir die Vision des Friedens und eines neuen Bewusstseins auf der Erde.

Die folgende Visualisierung kann dabei ein Impuls sein. Stelle dir vor:

Kinder, Menschen aller Nationen, weltweit
glücklich, im Frieden, im Einklang mit den Tieren und der Natur, in Fülle und Freiheit
freie saubere Energie
im Einklang mit den göttlichen Fähigkeiten,
keinerlei Vorstellung mehr davon, was Krieg und Waffen sind,
da dies zu einer niedrigen und alten Entwicklungsstufe der Menschheitsentwicklung gehörte,
die längst vergangen und überholt ist.

Die Neue Zeit hat begonnen.
Wir alle tragen tief in unserem Herzen,
tief in unserer Seele das wahre Abbild des Seins.

Möge das Erwachen geschehen.
Das Paradies ist ein Ort in uns,
den wir wieder betreten können,
um diese Schwingung zu erwecken.

Ich glaube an uns.

Danksagung

Ein großer Dank gilt den Geistigen Welten und höheren Ebenen. Immer wenn ich eine Anrufung mache oder die Kräfte einlade, erlebe ich eine Führung, Inspiration, Freude und einen Flow, der nicht von dieser Welt zu sein scheint. Die Informationen fliegen mir nur so zu. Danke an meine Heimat im Licht. Ich danke den Wesen der Natur und allem lebendigen Sein. Mögen sich die Schleier zwischen den Welten immer mehr lüften.

Es gibt viele Menschen, denen ich von Herzen danken möchte: den Verlegern Heidi und Markus Schirner, meiner Lektorin, Kerstin Noack-Zakel und dem gesamten Schirner-Team. Meinem Mann Murat Karaçay, mit dem das Erwachen hier auf der Erde den Turbogang eingelegt hat. Meinen Kindern, die mich immer wieder in die gegenwärtige Präsenz holen und mich an die Zukunft erinnern, die wir mit jedem Gedanken, jeder Handlung und jedem Wort mitgestalten. Meinen Freunden und allen Menschen, die ich in der Erdheilung erleben durfte. Ich danke den vielen Menschen, mit denen ich zusammen gewirkt habe: Drunvalo Melchizedek und seinen Büchern, Nassim Haramein, Dr. Diethard Stelzl, Aunty Aka u.v.a.m. Danke für den Weg in der Gemeinschaft. Wir werden immer mehr, und das ist gut so.

Möge dieses Buch zum Segen gereicht sein.

Aloha mahalo, von Herzen,
Jeanne Ruland

Ein besonderer Dank

Ich danke den Menschen, die ihr Wissen über die Heilige Geometrie der Menschheit zugänglich gemacht haben. Insbesondere Gudrun Ferenz, die die platonischen Körper in ihr Leben holte und begann, mit ihnen zu wirken. Liebe Gudrun, die Erfahrungen und Erlebnisse mit dir sind sehr besonders. Schön, dass es dich gibt und wir diesen Weg gemeinsam gehen.

Gudrun Ferenz, Mutter von drei Kindern, leitet mit ihrem Mann seit vielen Jahren ein kleines Unternehmen. Schwierige Lebensumstände führten sie zu dem alten Wissen über die Heilung der Energie des Menschen und der Erde.

www.haus-der-pyramiden.de

Über die Autorin

Jeanne Ruland war Autorin, Wegbereiterin in die Neue Zeit, Engelmedium, Lehrerin und internationale Seminarleiterin. Ihre Seminartätigkeit begann im Jahr 2000. Sie unterrichtete Natur-, Engel-, Meister- und Strahlenlehre, Huna sowie die Lehre der Heiligen Geometrie. Sie bot außerdem internationale Reisen zu Kraftorten an. Ihr fundiertes Wissen und ihre langjährige Erfahrung in der Energiearbeit gab sie gern weiter, um zu erinnern und zu erwecken. Am 13. November 2021, einem Engeltag, ist Jeanne Ruland ins Licht gegangen. In ihren zahlreichen Werken bleiben ihr unglaubliches geistiges Erbe, ihre Vision einer besseren Welt und ihr außergewöhnliches Licht unvergessen. Ihre bekanntesten Werke sind: »Das Geheimnis der Rauhnächte«, »Das große Buch der Engel«, »Die lichte Kraft der Engel«, »Die Gegenwart der Meister«, »Krafttiere begleiten dein Leben«, »ALOHA – Gelebte Liebe«, »Maria Magdalena« sowie Bücher, CDs und Kartensets zum Thema »Heilige Geometrie«.

Weitere Informationen über Jeanne Rulands Wirken finden Sie hier: *www.shantila.de*

Mit **JEANNE RULAND** die lebendige Welt der **Heiligen Geometrie** entdecken

Jeanne Ruland & Gudrun Ferenz
Die Heilige Geometrie der platonischen Körper
Die kosmischen Formen der fünf Elemente und ihre praktische Anwendung im Leben

248 Seiten
ISBN 978-3-89767-875-0

Mit Originalstimme von Jeanne Ruland!

Jeanne Ruland
Heilen mit dem Licht der Schöpfung
8 Meditationen zur Heil- und Lichtarbeit – gesprochen von Jeanne Ruland

ca. 80 Minuten
ISBN 978-3-8434-8439-8

ISBN 978-3-8434-1389-3

ISBN 978-3-8434-1340-4

ISBN 978-3-8434-9097-9

ISBN 978-3-8434-5010-2

Schirner Verlag

Bildnachweis

Bilder von der Bilddatenbank www.shutterstock.com:

Vor- und Nachsatz: # 287007011 (© Marish)
Hintergrundbilder: S. 3–7: # 625745255 (© Ben Neung), S. 8–15: # 1508535890 (© Veronika By), S. 16–51: # 1510193321 (© Veronika By), S. 52–81: # 384388078 (© Veronika By), S. 82–129: # 371591266 (© Veronika By), S. 130–169: # 1247648545 (© Veronika By), S. 170–176: # 625745255 (© Ben Neung), **Schmuckelemente:** *Glitzer:* # 162375335 (© tomertu), *geometrische Formen:* # 287007011 (© Marish)
Weitere Bilder: S. 12: # 292771385 (© Balkonsky), S. 15: # 597856823 (© Lorna Roberts), S. 33: # 1837765123 (© Nikki Zalewski), S. 36: # 270722465 (© Natali Glado), S. 49: # 189109202 (© Song_about_summer), S. 51: # 1701653506 (© Veronika By), S. 107: # 1672416040 (© Veronika By), S. 129: # 1076739044 (© Veronika By), S. 62: # 534604372 (© Abdoabdalla), S. 71: # 1095091028 (© Cristina Conti), S. 74: # 219035338 (© varuna), S. 76: # 1073841251 (© Veronika By), S. 96: # 258028616 (© nadtytok), S. 101: # 1038075334 (© PopTika), S. 104: # 712968655 (© anttoniart), S. 112: # 625745255 (© Ben Neung), S. 123: # 1831682173 (© attaphong), S. 130: # 2045673395 (© Amarylle), S. 161: # 274566236 (Romolo Tavani), S. 169: # 2123197331 (© afotostock), S. 175: # 18019111 (© Roman Sigaev)

Geometrische Formen (sofern nicht anders angegeben):
© Murat Karacay, © Anke Müller und © Simone Fleck, Schirner
Autorenbild, S.174: © Dreastique